MW00989088

Las fuerzas del amor

LAS FUERZAS
DEL AMOR

En las Nuevas Constelaciones familiares

BRIGITTE CHAMPETIER DE RIBES

Descargo de responsabilidad
El contenido de este libro tiene una finalidad meramente divulgativa. La información aquí expuesta no debe sustituir en ningún caso al consejo médico profesional ni ser utilizada para diagnosticar, tratar o curar enfermedades, trastornos o dolencias. Por consiguiente, la editorial no se hace responsable de los daños o pérdidas causados, o supuestamente causados, de forma directa o indirecta por el uso, la aplicación o la interpretación de la información aquí contenida.

Primera edición: marzo de 2018
Primera reimpresión: junio de 2018

Título original: *Las fuerzas del amor*

Diseño de cubierta: Rafael Soria

© 2017, Brigitte Champetier de Ribes
Publicado por acuerdo con la autora.

De la presente edición en castellano:
© Gaia Ediciones, 2017
    Alquimia, 6 - 28933 Móstoles (Madrid) - España
    Tels.: 91 614 53 46 - 91 614 58 49
    www.alfaomega.es - E-mail: alfaomega@alfaomega.es

Depósito legal: M. 5.028-2018
I.S.B.N.: 978-84-8445-715-2

Impreso en España por: Artes Gráficas COFÁS, S.A. - Móstoles (Madrid)

Cualquier forma de reproducción, distribución, comunicación pública o transformación de esta obra solo puede ser realizada con la autorización de sus titulares, salvo excepción prevista por la ley. Diríjase a CEDRO (Centro Español de Derechos Reprográficos, www.cedro.org) si necesita fotocopiar o escanear algún fragmento de esta obra.

Índice

Capítulo 1
La evolución de las constelaciones

Los primeros años

Cuando hablaba[1] de los órdenes del amor, Bert Hellinger siempre recalcaba que lo primero para él era el respeto por el destino como consecuencia de la entrega al centro vacío, a la gran alma o a otra dimensión o instancia.

La diferencia entre primeras y nuevas constelaciones no es tanto una diferencia de técnica como de enfoque y de comprensión de las prioridades y de los órdenes del amor.

Las primeras constelaciones se apoyaban fundamentalmente sobre dos órdenes del amor: el del respeto por la jerarquía natural y por el equilibrio entre dar y recibir. El tercer orden, el de la pertenencia de todos por igual, fue definitivamente formulado por Bert Hellinger en los años 2002-2003, simultáneamente a su comprensión del papel de la conciencia individual, es decir, de la buena y mala conciencia.

Antes de esa época, Hellinger mencionaba la existencia de los tres órdenes, pero el de la pertenencia quedaba truncado,

---

[1] Hablo en pasado de lo que nos ha aportado Bert Hellinger, porque me refiero a todo lo que nos legó hasta 2011.

ya que decía: «Todos tienen el mismo derecho de pertenencia salvo los que han atentado contra la vida y los que han abandonado a sus hijos». Por lo tanto, hasta ese momento, solo pertenecían los «buenos». Estábamos en el reino de la conciencia moral, de la moral del clan que permite excluir a algunos, hasta eliminarlos si fuera necesario, con la conciencia totalmente tranquila. Se trataba de una pertenencia con amor estrecho, como a Bert Hellinger le gustaba llamarla. Solo pertenecía el que respetaba la moral y se mantenía fiel a ella. Era una pertenencia desprovista del amor a todo, la cual creaba nuevos excluidos.

Durante este periodo, los órdenes del amor se vivían como reglas ciegas y rígidas de pertenencia. La propia palabra «**Órdenes**» daba una connotación de nueva moral basada en el orden, y a muchos les preocupaba saber si sus decisiones estaban ordenadas [2], en vez de plantearse si vivían con base en el amor o cómo purificarlo. El temor al «castigo» sistémico imperaba. El respeto a los padres y al propio sistema familiar era básico, y esto hizo mucho bien, pero la ley iba antes que lo humano.

Aun así, Hellinger insistía en que la mirada de amor era necesaria, que la rendición a algo más grande era lo primero.

Para Bert Hellinger las constelaciones, por un lado, estaban dirigidas por algo más grande y, por otro lado, en transformación constante. Se abrían a algo ilimitado y fuera de nuestro alcance. Su gran miedo era que se tomaran las constelaciones por una escuela y una técnica definida. No quería escribir para no inmovilizar el movimiento de descubrimiento que se estaba dando de forma lenta pero continuada en las constelaciones familiares (tardó casi veinte años en decidirse a escribir su primer libro).

---

[2] La aparición del término *constelación* se explica por estas comprensiones. *Constelación familiar* fue utilizado como un atajo para traducir los conceptos *recolocación* y *configuración familiar.*

Y, en efecto, lo que temía se materializó: las constelaciones se transformaron a menudo en técnicas de ordenamiento y de moral sistémica. En muchos lugares las constelaciones se instituyeron en un campo cerrado, del cual el adulto, su autonomía y el amor a todos habían sido excluidos. Se transformaron en campos de pertenencia nuevos, con su buena y su mala conciencia, que se reservaban el derecho de determinar quién podía ser constelador y cómo había que constelar. El cumplimiento de las reglas se convirtió en el objetivo de estos campos. Se había obviado el dejarse guiar por el centro vacío y por la fenomenología.

Para Bert Hellinger estas preguntas eran clave: «¿Dónde se esconde el amor? ¿Dónde está el dolor bloqueado? ¿Dónde está y quién es el excluido?».

Sin embargo, para muchos la gran pregunta era: «¿Qué dice el orden sobre tal o cuál punto?». Es decir, «¿Qué dice la ley?». El miedo y su corolario, el dogmatismo, estaban omnipresentes, pero no el amor ni la creatividad fenomenológica.

Las dudas frecuentes eran las siguientes: «¿Qué habrán hecho estos ancestros para que mi vida esté tan mal? ¿Qué es lo que he hecho mal para tener esta suerte? ¿Cuál es el desorden?». Las constelaciones se habían convertido en una nueva moral de ojo por ojo, sin comprensión de los fenómenos sistémicos ni de la diferencia entre compensación arcaica y compensación adulta, entre otras.

El constelador a menudo actuaba desde el poder y la culpabilización del Estado Padre «tienes que», tanto con el cliente como con los representantes. Es decir, que nos costaba estar en el adulto, en nuestra fuerza, como decía Bert Hellinger.

Estábamos en la reproducción de la fidelidad a los sistemas familiares y sus campos cerrados. Habíamos creado un nuevo campo de pertenencia tribal: «Tú, como nosotros, y si no, te expulsamos». Era la reproducción de lo conocido, habíamos creado una nueva religión y una nueva pertenencia exclusivista. Las constelaciones familiares se convirtieron en compensación arcaica e imitación de modelos, cerrando todo acceso al yo adulto, a la creatividad y a la conexión con algo más grande tanto del constelador como del cliente.

El orden y el equilibrio entre dar y recibir, sin la pertenencia de todos, significaba reintroducir el imperio de la ley por encima de la vida humana, y esa ley era la ley del talión. Las generaciones anteriores no podían liberarse ni descansar, y asistían impotentes a la prepotencia de los terapeutas en quienes confiaban sus descendientes.

Quien ponía orden en el sistema familiar del cliente era el constelador, que ignoraba el enfado creciente de los sistemas familiares de sus clientes y el suyo propio. Los órdenes del amor, sin respetar la pertenencia de todos por igual, creaban nuevos excluidos, nuevos desequilibrios y nuevos sufrimientos. La comunidad de destino entre clientes y consteladores hizo que las consecuencias de la falta de respeto, aunque inconsciente, de los profesionales hacia los sistemas familiares y ancestros empezaran a tener consecuencias dolorosas para dichos profesionales.

Bert tenía muy presente la actitud del cliente. Solo se acercaba a él si asumía su vida con compromiso y humildad. La actitud adulta, la que vive los órdenes del amor, proviene de una decisión personal y libre de la persona; una decisión de reconciliación, de respeto, de inclusión o de rendición sin la cual sería inútil seguir hacia delante.

Amor del espíritu y pertenencia

Como él lo relata, tras unos cuatro años de exposición fenomenológica a la buena y mala conciencia, Bert Hellinger llegó a la comprensión de la función de la conciencia como regulador social y no como voz de Dios. Es importante recalcar que fue el primer filósofo capaz de salir del campo del bien y del mal para observarlo sin culpa, y concluir que la conciencia moral no alberga ninguna voz metafísica; que la conciencia es únicamente un instrumento de cohesión al servicio de la supervivencia de los grupos a los que pertenece cada persona, instrumento que compara con el sentido del equilibrio que hace que instintivamente las personas rectifiquen lo que les hace perder el equilibrio.

Cuando Bert Hellinger se da cuenta de que la buena conciencia está siempre al servicio de la confrontación y de la compensación arcaica, descubre el amor del espíritu y su movimiento. El amor del espíritu es el amor y el respeto hacia cada uno como es, sin importar lo que haya hecho. Es el amor a todo como es. Para ese amor no hay nada que cambiar, todo es como tiene que ser. Todo es pensado, creado y movido por la propia Consciencia, por el propio amor. Todo está bien.

Entonces Bert Hellinger formula así el orden de pertenencia: «Todos tienen el mismo derecho de pertenecer, independientemente de lo que hayan hecho».

Ese orden del amor es el orden del amor mayor. Dicho de otra manera, el orden de pertenencia es el orden de la conexión con el amor del espíritu necesariamente presente en la vida humana.

Esa época en la que Hellinger descubre el orden consumado de pertenencia y el amor del espíritu es el momento del nacimiento de las nuevas constelaciones, que en un principio se llamaron «constelaciones del espíritu».

También por entonces, descubre de nuevo por casualidad una característica de las constelaciones familiares actuales. En efecto, para sus primeras constelaciones de los años ochenta, había aprendido que era necesario citar a los familiares reales del cliente. No se utilizaban representantes. Pero, un día, al faltar un familiar, se dio cuenta de que una silla cercana a los presentes había hecho las veces de ese familiar. Entonces, decidió sustituir a los familiares por sillas y luego por personas que estuvieran presentes, aunque no tuvieran nada que ver con el cliente. Así se inició el rol de los representantes.

Casi veinte años más tarde, observa que un representante centrado tiende a querer moverse de forma muy lenta, y que ese movimiento, sorprendentemente, lleva a una solución inimaginable por el constelador. En efecto, hasta entonces, el representante no se movía, solo hacía lo que el constelador le mandase. A ese movimiento, al descubrirlo, lo llamó «movimiento del alma». Cuando, pocos años después, descubre el concepto de «movimiento del espíritu», entiende que lo que mueve al representante es el movimiento del espíritu. Distingue entonces, durante unos años, movimientos del alma de movimientos del espíritu. Los primeros son los que llevan al sufrimiento, son los movimientos de compensación arcaica de los órdenes transgredidos. Y los segundos son los movimientos que llevan a la sanación. Más tarde abandona esta distinción y habla **únicamente**, hasta los años 2010-2011, de la presencia de los movimientos del espíritu en la constelación, dirigidos por el amor del espíritu.

Recordemos la definición de Bert Hellinger del amor del Espíritu[3]:

---

[3] HELLINGER, Bert, *Sanación*, CUDEC, 2011.

El amor del espíritu es una actitud. Acepta todo tal cual es, simplemente porque existe.

El amor del espíritu desconoce el juicio que decide si algo debe existir o no. El hecho de que algo existe significa que fue pensado por un espíritu creador, tal y como es, y así es amado.

El amor del espíritu, cuando nos abarca, se alegra de todo lo que existe y de cómo existe.

El amor del espíritu es, en el fondo, una actitud que promueve todo tal como es. Está a favor de todo.

El amor del espíritu es un amor creador que permite que todo tome el lugar que le corresponde y que lo defiende. Quiere que todo esté presente, así tal cual es.

El amor del espíritu no se pregunta si algo tiene el derecho de existir. Para él, todo y todos forman parte de la totalidad, incluidos nosotros, tal y como somos.

¿Cuáles son las consecuencias del amor del espíritu en cuanto a nuestra actitud hacia todo?

Asentimos a todo.

Le dejamos el tiempo indicado a todo. No queremos ni extenderlo ni acortarlo.

A nada le queremos quitar ni agregar algo, en el sentido de querer mejorarlo. Fue creado por otra instancia y existe gracias a ella, tal y como es.

¿Se puede sentir este amor? ¿O solo es pura existencia, un estar presente?

Una existencia que asiente, incluso a nosotros, tal como somos, y asiente al tiempo asignado a nuestra existencia. Para el amor del espíritu no existe ni más ni menos pertenencia. Para él, no existe ningún derecho mayor o menor de pertenecer. Para él, nada va más allá del existir presente.

El amor del espíritu siempre se mantiene en movimiento. Se mantiene en un movimiento creador. De acuerdo con él, asentimos a este movimiento. Nos incluimos y dejamos llevar adonde

sea que nos lleve, a nosotros y a los demás. En este movimiento
siempre está presente con todo y en todo momento.

LAS NUEVAS CONSTELACIONES

A partir de ese momento lo esencial cambia en las constelaciones: Bert Hellinger nos dice que las constelaciones están
dirigidas por el movimiento del espíritu —movimiento de
amor a todo como es—, no por el constelador y su deseo de poner orden o de cambiar o sanar algo.

Retomo el cambio de método, porque ese cambio marcó
un hito fundamental en la evolución de las constelaciones familiares: Bert dejó de hablar de *constelaciones familiares* y habló de *constelaciones del espíritu*, de las nuevas constelaciones,
ya desde los años 2002-2003.

Hasta entonces, como podemos observar en los primeros
vídeos, el constelador tenía una primera tarea: preparar activamente al cliente, una vez que se había sentado a su lado. Se
desarrollaba entonces una especie de entrevista, en la que el
constelador buscaba las resistencias del cliente y, una vez que
estas aparecían, se rompían para dejar a la persona desnuda
frente a los fenómenos de su vida.

Esta parte del trabajo era manifiestamente un trabajo ges-
táltico, de una gran dureza. Pocos se atrevían a pasar por él. En
cuanto Bert descubre el amor del espíritu, renuncia a su deseo
anterior de preparar —es decir, de modificar— al cliente. El
trabajo sobre las resistencias del cliente desaparece del objetivo. El cliente es guiado por su sistema, para sanar algo de este.
El cliente ha de ser aceptado tal como es. Constelador y cliente
están al servicio del sistema familiar del cliente.

El constelador se abre al amor del espíritu, es decir, al cliente tal como es. Ya no intenta modificarlo antes de la constelación.

Entonces, como la meta pasó de reordenar o configurar al cliente y su familia, a sanar el sistema familiar (entonces llamado «Conciencia Inconsciente Familiar», «Alma Familiar» o «Sistema Familiar»), Bert abandonó la colocación previa de los representantes por el cliente. Dicha colocación fue fuente de estudios e interpretaciones muy ricas, pero, una vez más, se desarrollaron en el campo de la psicología y no de la sistémica.

Las primeras constelaciones eran construcciones estáticas, en las que se buscaba la imagen final feliz. Teníamos el concepto psicoterapéutico de imagen como fuerza de cambio. Con las constelaciones del espíritu —es decir, las constelaciones del movimiento centrado de los representantes— lo que se busca es la puesta en marcha de un movimiento. No se necesita la foto final feliz. Las constelaciones no son construcciones, sino movimientos sistémicos energéticos en conexión con algo mayor. A veces, la interrupción de la constelación en un momento de bloqueo puede ser lo más sanador. Lo que importa es lanzar el movimiento de sanación. El resultado está en manos de algo más grande.

Otro aspecto olvidado por muchos de nosotros era la preocupación constante de Bert Hellinger por tomar distancia con el cliente, por no entrar en contratransferencia, por no saber nada de él ni de su árbol.

Para poder conectarse con lo esencial para el cliente, evitaba saber cosas de él, ni siquiera lo miraba. Tomaba distancia internamente y esperaba una señal o una información interna, y solo a partir de ese momento se comunicaba con el cliente.

Exigía de este una petición breve, sin detalles, no más de tres frases.

Decía que el cliente que quería hablar mucho no buscaba la solución, sino que tenía mucho interés por su problema y no deseaba soltarlo.

De esta forma había llegado a la maestría en la relación individual con el cliente. Cada una de sus palabras tenía un efecto liberador.

Para ser puramente fenomenológico, rechazaba toda hipótesis y olvidaba todo lo que sabía. Ahora bien, advertía que, cuanto más se supiera, mejor se podrían entender las señales del campo. Pero en el momento de actuar, olvidaba todo lo que sabía, renunciaba a actuar y se dejaba guiar. Dejar hacer. Y dejar actuar a las fuerzas del campo. Son sus palabras precursoras de 2001[4], cuando todavía el paradigma cuántico no había hecho acto de presencia.

De esta forma se entregaba totalmente al campo de la sanación y a la información fenomenológica. La sanación no es el resultado de una hipótesis, sino de un movimiento de fuerzas donde la comprensión del constelador da saltos en la oscuridad. De repente, le llega una luz, una comprensión que permite dar un nuevo paso. Pero solo uno. Y de nuevo uno se queda sin hacer y sin entender, hasta el próximo paso. Mientras, de forma lenta y profunda emerge una reconciliación, dirigida por el movimiento del espíritu, que producirá la solución buena para todos.

Insistía en que lo fundamental era que el constelador se dejase guiar. Decía que no hay dos personas con las mismas comprensiones, de tal modo que, si un constelador recibía una información de algo mayor, tenía que seguir esa información y no lo que él, Bert Hellinger, hubiera recomendado.

---

[4] En HELLINGER, Bert (2001), *El manantial no tiene que preguntar por el camino*, Alma Lepik, Argentina, 2007.

Bert insistía en que en el campo actúan fuerzas y que el constelador es el catalizador de estas fuerzas. Insistía en el centramiento del constelador como elemento decisivo de la eficacia de la constelación. El constelador no hace, sino que espera y se deja guiar por el movimiento del espíritu. Cuando se inicia una reconciliación, la sanación se dará por sí sola.

Para evitar toda contratransferencia, actuaba de forma lenta y silenciosa y exigía lo mismo del cliente y de los representantes. De todas las terapias humanistas es la que más autodisciplina exige del terapeuta para proteger al cliente de la contratransferencia de su terapeuta. Bert Hellinger fue el primer terapeuta en hablar del peligro de la *relación terapéutica* entre cliente y terapeuta y en descubrir la dependencia oculta del terapeuta para con su cliente, es decir, en explicitar las manifestaciones de una contratransferencia del terapeuta sobre su cliente. Por ejemplo, el terapeuta que llama a su cliente, la psicoterapia que no acaba nunca o que no ofrece resultados, etc.

Su lucidez le provocó el rechazo, incluso el anatema, de la *intelligentsia* psicoanalítica alemana. No se toca la esencia de un campo sin pagarlo; no se desmonta el control que ejerce un campo de pertenencia sin pagarlo con la propia exclusión o, a veces, con la muerte social o física.

Bert detectaba todo indicio de drama y no permitía jamás que la persona que había perdido el control tuviera más protagonismo e hipotecara la energía del grupo. Le exigía que se volviese a su sitio y recomendaba a los que estaban sentados a su lado que ni la miraran, ni la tocaran, ni la hablaran.

Cada uno estaba al servicio del grupo, el individuo al servicio de lo colectivo. De esta manera, todos recibían del grupo lo que necesitaban.

Durante los primeros años de la nueva constelación (o constelación del espíritu) Bert se considera al servicio del sistema familiar del cliente, e incluso afirma que no le preocupaba cómo quedara el cliente, ya que la prioridad era sanar su sistema. Pero, poco a poco, se centra en el cliente y su bienestar; su mirada se hace cada vez más compasiva, a la vez que su distancia protege a los dos, constelador y cliente. Entonces ya solo le interesa la mejoría de la vida de la persona que se entrega incondicionalmente.

Llega a decir que la eficacia de una terapia demuestra su calidad y que las nuevas constelaciones tienen resultados espectaculares que le conmueven profundamente.

¿Qué busca, pues, el movimiento del espíritu en una constelación?

El movimiento del espíritu reintroduce el amor gracias a la reinclusión de los excluidos, a la reconciliación entre los que estaban separados y al respeto a todos como fueron y como son. Y ¿cuál es el resultado de estos movimientos? Mejoría, armonía, fuerza, salto cualitativo, sanación.

Para las constelaciones del espíritu, Bert iniciaba el trabajo con uno o dos representantes y, según recibía más información por el campo, introducía más representantes. Dejaba el trabajo en manos del *movimiento del espíritu*. En los últimos años deja de hablar del movimiento del espíritu. Ya no sitúa la fuerza de sanación en un campo externo y superior al ser humano, sino que la reconoce en la profundidad y el centramiento de cada persona. Otra dimensión entra en acción gracias al centro vacío de constelador y representantes.

A partir del momento en que Bert Hellinger descubre el amor del espíritu y la pertenencia de todos, su praxis cambia. Como lo ha reiterado numerosas veces, las constelaciones son la herramienta nacida de un pensamiento filosófico. Si el pensamiento cambia, la herramienta lo hará también, si soltamos la seguridad de lo viejo.

Sin embargo, pudimos observar lo costoso que fue ese cambio de praxis. Bert Hellinger tenía tal conexión con algo mayor cuando hablaba que a veces las pilas de los micrófonos se fundían en cuestión de minutos. Nos llevaba con él a un nivel tan profundo de coherencia y de entrega a otra dimensión que, para muchos, estar en su presencia supuso un antes y un después en nuestras vidas. Y lo veíamos después totalmente concentrado en la constelación que se desarrollaba, entregado al dejar hacer del movimiento del espíritu. Fue reconociendo muy humildemente la dificultad que existía en plasmar la información recibida en la práctica sin recurrir a viejos hábitos.

En 2010, después de accidentes y enfermedades que le abrieron los ojos, manifiesta con vehemencia que toda la constelación es dirigida por otras fuerzas, como lo escribía ya en 2001. Afirma de nuevo que los representantes siempre habían sido totalmente impulsados por estas fuerzas de sanación; que habíamos perdido de vista la esencia de las constelaciones al pretender controlar lo que tenían que hacer o decir estos representantes. Si nos entregábamos al campo, los movimientos de reparación de los órdenes del amor embargaban a todos los presentes hasta reconciliar lo que había sido separado. La sanación aparecía.

El constelador que quería dirigir a los representantes se arrogaba una función que lo ponía en peligro, pues «usurpaba» el rol del Movimiento del espíritu. Y Bert Hellinger se incluía entre estos consteladores.

Todo está en manos del campo, todo el campo vive la restauración de los órdenes del amor, de un modo absolutamente imprevisible para cualquier constelador.

A partir de esa época, pudimos observar cómo de un modo sutil se iban templando la dureza y ceguera de los órdenes del amor.

Bert había creado el campo mórfico del amor del espíritu. Cuantas más personas se identificaban con ese campo, más compasivos se volvían los órdenes del amor.

La misión de estos órdenes no es ser amorosos, sino mantener las leyes del amor. Las tradiciones nos hablan de hasta siete generaciones que pagan los pecados de los ancestros; ahora podemos observar cómo, a menudo, la misma persona que dejó de respetar un orden del amor paga su transgresión, y la que se entrega a la rendición de forma consciente, no sumisa, ve su vida transformada.

Es interesante distinguir bien las fuerzas del amor de los campos. Éstos son conjuntos o sistemas de frecuencias similares que provocan la imitación involuntaria de los individuos que resuenan con estas frecuencias. De nada sirve abrir o cerrar un campo; este no se abre ni se cierra: crece, pierde fuerza o se transforma según la frecuencia emitida por las personas que lo componen. Pero los órdenes del amor son fuerzas que actúan, de forma individual o colectiva, por encima de las frecuencias, orientando y transformando los campos.

Bert Hellinger nos mostraba, con los órdenes del amor, cómo toda la vida está orientada hacia y por el amor. Al servicio de una energía de amor que lo piensa y lo crea todo tal como es, que guía a cada individuo y cada sistema a la vez que respeta la libertad de decisión del individuo.

Las nuevas constelaciones miraban hacia un futuro desconocido.

CAPÍTULO 2
Las fuerzas del amor

CUANDO BERT HELLINGER COMPRENDIÓ cuáles eran las fuerzas y principios sistémicos que regían la vida humana los llamó «Órdenes del amor». Órdenes *del amor* y no órdenes de la vida, ni del espíritu, ni de la conciencia, ni del universo. Órdenes *del amor.*

Entendió que las fuerzas que rigen la vida son fuerzas del amor y están al servicio del amor, promovidas por otra dimensión. Bert había descubierto que lo que dirige todos los movimientos de la vida humana es el amor. Quien sigue estas fuerzas está conectado con la fuente, vive el amor y el bienestar y crea armonía a su alrededor. Descubre la libertad, sin importar las condiciones de su vida, la cual se hace más liviana.

El amor creó la vida y la sigue creando. El amor está al servicio de la vida. La vida es la cara visible del amor.

Las constelaciones y la vida misma nos permiten entender la prioridad absoluta que da Bert Hellinger a la aceptación de todo como es, especialmente a la aceptación de lo duro y difícil, como la mayor fuente de cambio y crecimiento. El asentimiento a todo es lo que trae fuerza y éxito. Al asentir reconocemos que la vida es una creación de algo más grande ante lo que nos rendimos. Aceptamos incondicionalmente que la vida es exactamente como tiene que ser. Nos sentimos orientados y guiados, en sintonía con la vida y con algo misterioso más allá de la vida; la armonía penetra todos los aspectos de nuestra vida. Somos uno con todo.

Si tenemos en cuenta esa insistencia de Bert sobre la necesidad de priorizar siempre la entrega y el asentimiento a algo mayor, antes incluso de hablar de órdenes del amor, es coherente, beneficioso y simplificador afirmar, sin faltar al respeto a Bert Hellinger, que existen cuatro órdenes del amor: el asentimiento, el orden, la pertenencia y el equilibrio entre dar y recibir. Dicho con otras palabras: la rendición, el respeto, la inclusión y el agradecimiento.

Y, más que de órdenes del amor, yo prefiero hablar de *fuerzas del amor*; fuerzas universales, sistémicas y físicas, tan contundentes e inexorables como la fuerza de la gravedad; fuerzas que ejercen su poder sobre todas las formas de vida, tanto de manera individual como colectiva.

La felicidad en nuestras vidas nace del respeto por esas fuerzas del amor.

La primera fuerza del amor incluye a las otras tres y es, por tanto, la más exigente: es el asentimiento incondicional a todo tal cual es. Amar es aceptar incondicionalmente la vida dada por nuestros padres.

Es una fuerza individual, con la que resonamos primero desde nuestro amor incondicional de hijos mientras somos pequeños y posteriormente desde la grandeza consciente de nuestro Adulto[1] inmerso en el instante presente. Es una fuerza

---

[1] Las palabras *Niño*, *Adulto* o *Padre* con mayúscula inicial hacen referencia a los Estados del Yo correspondientes, tal como los describe el Análisis Transaccional.

individual en interacción recíproca con unos campos mórficos cada vez más numerosos y poderosos.

La segunda fuerza del amor reconoce que «esta vida dada por *nuestros padres*» existe porque, y únicamente por ese motivo, somos los hijos de estos padres. Aceptar la vida es aceptar la vida dada por nuestros padres. Es aceptar ser los hijos de estos padres, es decir, aceptar nuestro lugar; aceptar que nuestra vida la determinan nuestro nacimiento y nuestro lugar en la familia de origen.

Amar es reconocer que la vida está organizada por el *orden*. Cada elemento de la vida tiene un lugar específico, determinado por su fecha de entrada en los sistemas o campos a los que pertenecemos. Ni la herencia ni los méritos propios nos permiten decidir qué lugar ocupar.

Esta fuerza puede actuar tanto sobre el individuo como sobre los colectivos y sus consecuencias son opuestas según se trate de la relación entre individuos o entre sistemas.

La dimensión espaciotemporal de nuestras vidas es, pues, fundamental a la hora de vivir el amor y de realizar nuestra humanidad con plenitud.

La tercera fuerza del amor dice que todos pertenecen por igual. La vida dada por *nuestros padres* nos recoge y nos da co-

---

Estado del Yo Adulto: estado presente. El que acepta, observa, respeta y agradece todo. El que vive las emociones primarias y actúa fluyendo con la vida. La parte del Yo que vive su esencia y su grandeza humana.

Estado del Yo Niño: repetición de emociones pasadas. No actúa: reacciona. No está presente y vive del dramatismo y de darse más importancia que a los demás.

Estado del Yo Padre: dice a los demás lo que tienen que hacer. Imita a alguien poderoso del pasado.

El estado del Yo Niño y el Estado del Yo Padre forman el ego, o personalidad, con su conjunto de resistencias y beneficios secundarios. El acceso al Adulto exige el soltar ese ego.

En otros momentos me referiré a lo mismo hablando del yo adulto o autónomo y de los yos dependientes, o del yo fuerte y de los yos pequeños.

bijo y pertenencia, simplemente por ser sus hijos, independientemente de lo que hayamos hecho. Por consiguiente, nos dice
que todos pertenecen de la misma manera, por ser hijos de sus
padres, independientemente de lo que hayan hecho unos u otros.

El movimiento de esta fuerza de pertenencia es el de la
inclusión y el respeto de la diferencia: todos son distintos y
tienen el mismo derecho a pertenecer. La inclusión/exclusión
puede ser tanto individual como colectiva; existen sistemas en-
teros en la exclusión, no solamente individuos: clases sociales,
grupos, grandes sistemas como los países de origen, que piden
ser reconocidos como campos de pertenencia de todos los na-
cidos en ellos. Esa pertenencia se transmite de generación en
generación. Con sus decisiones, el adulto acepta pertenecer a
sistemas cada vez más amplios, hasta poder reconocerse en la
pertenencia a todo cuanto existe.

Es útil recordar que Bert Hellinger tardó más de veinte
años antes de poder comprender, y transmitirnos, el concepto
de la pertenencia. Lo consiguió gracias a su observación fenomenológica sobre la existencia de la conciencia. Cuando descu-
brió que la conciencia moral estaba al servicio de la pertenencia
a la tribu y, por lo tanto, necesariamente también al servicio de
la exclusión de las otras tribus, entendió que en la conciencia
moral no hay amor Adulto, solo amor de niño pequeño necesi-
tado. En sus palabras, la conciencia moral es lo peor del ser
humano. Por el contrario, la pertenencia Adulta es independiente de la moral. Es entregarse al amor mayor que incluye a
todos por igual.

En efecto, cada vez que una persona se aleja del grupo al
que pertenece —grupo que le daba seguridad e identidad hasta entonces—, se dispara en ella una reacción hormonal muy
desagradable, una emoción a la que hemos dado el nombre de

culpabilidad o mala conciencia; reacción que desaparecerá en cuanto la persona renuncie a su afán de autonomía y vuelva a pertenecer como antes.

Para la conciencia, todo lo que favorece la expansión de cualquier grupo de pertenencia es el Bien y será declarado Bueno, y lo que pone en peligro la supervivencia de ese grupo es el Mal. Lo que anima la buena conciencia no es la inclusión de ese grupo pequeño en algo mayor, no, sino que es lo que le permitirá sobrevivir tal cual es, dentro de los límites diseñados en el pasado. Toda apertura a algo nuevo es vivida por ese grupo como deslealtad a los orígenes porque esta apertura pone en peligro la estructura construida gracias a la sumisión, tanto obligada como voluntaria, de muchos individuos.

Recordemos que en los grupos o campos de pertenencia se lucha contra toda autonomía y creatividad; nadie puede vivir en su yo adulto. O dicta a los demás lo que tienen que hacer, o está en la sumisión o la rebeldía… La mirada al presente se castiga y solo se valora y se identifica como Bueno el pasado.

Para subsistir, el grupo de pertenencia necesita ser distinto de los demás. Luchará por no cambiar y por mantener una identidad inmutable, buscando ser más fuerte que los grupos colindantes. Y su fuerza viene de la cantidad y de la disciplina de sus afiliados.

A través de estos comportamientos macrosociales de pertenencia, podemos reconocer la impronta que la tribu, en la que la humanidad ha vivido durante miles de años, grabó a fuego y sangre en el inconsciente humano.

La conciencia moral es una herramienta de cohesión de la tribu.

Todavía tenemos todos sus reflejos de miedo, culpabilidad y dominación inscritos en nuestras células. La conquista de la autonomía y la libertad individual necesita de la purificación de cada momento de nuestra vida para ir creando una realidad biológica nueva. Para crear una nueva estructura interna el superego se supeditará a una instancia mayor, al amor de la Presencia, Campo Fuente o Todo, en lugar de a la moral familiar introyectada en la infancia. Con el tiempo, la impronta de la conciencia moral, instrumento de la supervivencia en la tribu, se diluirá y en su lugar asistiremos a la instalación de la primacía de otro centro de decisión, más poderoso que el cerebro craneal: el cerebro del corazón[2] conectado con el todo.

Y la cuarta fuerza del amor es la de la compensación entre ganancias y pérdidas o equilibrio entre dar y recibir. Nos habla de nuestra estructura energética, enteramente hecha de polaridades, en busca continua del menor gasto energético, es decir, de la mayor armonía. Esta fuerza es la que fusiona todos los opuestos en un gran movimiento de creación de energía. La fusión es un movimiento o acto de amor, individual, colectivo o cósmico, y, a la vez, un acto de creación.

Fundir lo dual en una unidad crea energía y abre a algo nuevo; esta fuerza está al servicio del vacío creador. Con esto me refiero a este campo ilimitado de todas las nuevas posibilidades, el campo fuente, ese espacio o vacío que baña el universo, en el que todo es energía que nace de la fusión de los opuestos; todo es energía y creación, incluso creación de más energía, donde las probabilidades infinitas nacen y mueren a cada instante. Sabemos que se trata de un campo de conciencia y amor. Vivir es sintonizar con ese campo. Vivir es amar. Abrirnos a ese campo de amor es ponernos al servicio de la vida. Cada rendición a la vida tal como es nos conecta con algo nuevo. La cuarta

---

[2] Véase MARQUIER, Annie, *El Maestro del Corazón*, Luciérnaga, 2010.

fuerza del amor es la que nos empuja constantemente a la rendición y a la reconciliación; a soltar la separación y entregarnos a la unicidad.

La compensación es una fuerza, es decir, nada detiene su movimiento hacia la meta, hacia la unificación o el equilibrio, aunque sea varias generaciones más tarde que el acontecimiento que desequilibró la realidad. Actúa siempre. Todo lo que desequilibra algo es inmediatamente reequilibrado, le pese a quien le pese, de un modo automático, instintivo e inconsciente, tanto individual como colectivamente.

La mayoría de nuestros disgustos son resultado de los desequilibrios que hemos introducido en la vida. Más exactamente, resultado de la compensación automática de estos desequilibrios[3]. Agradecer es la mejor compensación, es precisamente una compensación de amor, que crea inmediatamente algo nuevo y mejor.

La cuarta fuerza del amor también significa agradecer: equilibrar el dar y el recibir es estar continuamente devolviendo lo recibido. ¿Y cómo lo devolvemos? Dando. Ese amor colmado por todos los regalos de la vida que es la gratitud forma parte del todo y pertenece, especialmente, al presente que lo abarca todo. Sentir gratitud incontenible hacia todo es la señal de estar viviendo el instante presente.

La fuerza del amor de la compensación tiene un lugar especial, ya que se transforma en la herramienta de reparación de todas las demás fuerzas del amor. En efecto, cada vez

---

[3] En una pareja reconstituida, el cónyuge que trae hijos de otra pareja crea un desequilibrio que necesariamente va a compensarse. Por ejemplo, el otro cónyuge, sin saber por qué, estará fuera del hogar el mismo número de horas que su cónyuge dedique a sus hijos y no a la nueva pareja. Si el primero se queja, pondrá en riesgo su nueva pareja. Si agradece, encontrarán una nueva armonía.

que estas otras fuerzas del amor son transgredidas, se desencadena automáticamente una fuerza de reparación arcaica entre los descendientes y sus condiciones de vida, incluidas las catástrofes sociales y naturales, hasta que un número mínimo de seres humanos vivan una reparación Adulta y consciente de amor.

Las fuerzas que dirigen la vida, humana y animal[4], nos orientan irremisiblemente hacia el amor, gracias al respeto, la inclusión y el equilibrio. Cuando estas fuerzas son transgredidas es cuando observamos su efecto: la fuerza dolorosa de su reparación nos toma y no podemos escapar de ese movimiento de compensación, a no ser que sea con amor, respeto, inclusión y equilibrio.

Es útil recordar que, salvo la primera fuerza, las otras tres actúan tanto a nivel individual como a nivel colectivo. Hay pertenencia-individual y pertenencia colectiva, orden individual y orden colectivo, compensación individual y compensación colectiva. Lo colectivo puede representar a una familia, estigmatizada por la causa que sea; a un grupo de personas que hayan vivido algo en común; a una clase social, como los intocables de la India; a un país o un continente entero. Pero el asentimiento a lo que hay es únicamente una decisión personal.

¿Qué es el ser humano?

El ser humano es energía que se materializa en el tiempo y en el espacio, manifestándose en un yo sistémico perteneciente

---

[4] Véase McTAGGART, Lynne, *El vínculo: La conexión existente entre nosotros,* Sirio, EE. UU., 2011.

a una multitud de campos energéticos, dentro de un gran campo fuente, quizá a su vez incluido en otros campos mayores. La vida pensada y creada por algo mayor refleja esa conciencia fuente; es amor, como ella, y está dirigida por el amor, también como ella. Y el inmenso campo de la energía inmersa en el espacio-tiempo lo gobiernan fuerzas de amor.

El amor humano se vive a través del reconocimiento de la primacía del tiempo y de los límites del espacio en nuestras vidas; a través de la necesidad de agradecerlo todo para acceder a nuevos campos y vivir mejor; a través del respeto a todos y a todo por igual.

La meta del sistema familiar es transmitir la vida. Las fuerzas del amor son las principales dimensiones de la vida humana: tiempo, espacio y cambio o creatividad. Todo está ordenado en el tiempo-espacio, a la vez que todo se tiene que ir compensando para crear movimiento y evolución, es decir, para crear vida.

Estas fuerzas del amor no pueden no existir. Son constantes inexorables. Están presentes en todos los sistemas vivos. Son el armazón de la vida. Su presencia no se percibe más que por sus efectos, que son más profundos que nuestro inconsciente y dirigen nuestras vidas y nuestras decisiones. Son campos de fuerzas al servicio de la vida.

Filósofos, biólogos y físicos se preguntan qué es lo que mueve todo lo vivo hacia delante, hacia el futuro. Unos hablan de un atractor desde el futuro; otros, de un impulso de vida que empuja a los seres vivos a seguir viviendo, incluso en las peores circunstancias. Los físicos observan que un movimiento hacia el futuro anima al universo entero. Algunos llaman a ese movimiento «impulso vital»; otros hablan de Ki; otros, de prana, etc. En la mística occidental se le llama «espíritu», y Bert Hellinger habla tanto de «fuerza buena» como de «movimiento del espíritu». Distingue entre la confianza en esta fuerza buena que dirige nuestra vida, a la que se entrega incondicionalmente, y la rendición ante el espíritu; tanto ante el amor del espíritu, que quiere a todo como es, como ante el movimiento del espíritu, que es el movimiento de reconciliación creador de sanación.

Si seguimos a Bert Hellinger, diremos que una fuerza buena dirige nuestras vidas de principio a fin. La experimentamos en muchos momentos de nuestra vida: lo que nos mantiene en pie, lo que nos da fuerzas para alcanzar incondicionalmente nuestra meta. Pero, en los momentos de prueba, en los que el miedo, el estrés, la ira o la devastación nos dominan, parece que esta fuerza nos ha abandonado. Y entonces experimentamos el movimiento del espíritu: una sucesión de crisis que ponen a prueba nuestro asentimiento a todo tal como es. En cuanto nos rendimos, en cuanto aceptamos que eso es lo que nos toca y con lo que hemos de seguir viviendo, disfrutando y ayudando a los demás, nos abrimos al movimiento del espíritu. La vida cambia. La mejoría aparece.

La fuerza primigenia y el movimiento del espíritu son uno. Son una misma presencia en nosotros. No pertenecen a un campo superior al campo de la humanidad, sino que forman parte de la existencia. Esa fuerza primigenia de vida es como la fuerza de gravedad. Nos mantiene vivos y en movimiento. Nos impulsa hacia el siguiente paso, orientándonos desde el pasado hacia el futuro.

En todas las constelaciones podemos observar que el movimiento lleva a los representantes siempre en la misma dirección: hacia la vida y el futuro, alejándolos del pasado y de la muerte. Y en esa dirección los representantes se sienten en sintonía con la vida, embargados por la fuerza, la seguridad y la alegría de vivir.

Las propias personas experimentan la entrega a la vida como una sensación de ligereza, plenitud, paz, felicidad y libertad. Es lo que hemos llamado «la sintonía con la vida».

La liberación

El movimiento de liberación que constatamos en una constelación se produce de dos maneras posibles: o bien es resultado de una sanación entre los representados del cliente, o bien se produce a partir del momento en que la persona, desde su yo autónomo, decide aceptar su vida, toque lo que toque y estén como estén los representantes de su pasado.

Siguiendo las comprensiones de Bert Hellinger de los años 2005-2007, cuando una persona ha perdido la sintonía con la vida es que ha transgredido, ella o un antepasado, alguno de los órdenes del amor, por lo que unas fuerzas correctoras se ponen en marcha, aplicando ciegamente la compensación del orden del amor transgredido. Esta reparación arcaica suele sumir la vida de la persona en el sufrimiento; se llama «movimiento del alma», y a través de él la persona intenta resolver su situación con buena conciencia y una fidelidad inconsciente a su sistema de origen.

La meta de esta compensación dolorosa es que alguien abra su conciencia al amor, al amor a todos por igual; que alguien se reconcilie con quien le hizo daño, creando espacio en su vida para el movimiento del espíritu. En cuanto se produce una reconciliación, la sanación aparece. Ese movimiento del espíritu es el que restablece la armonía y la salud, es un movimiento de liberación y de vida.

El movimiento del alma y el movimiento del espíritu son un único movimiento; son los **órdenes** del amor en acción.

Estos movimientos existen de modo permanente. Mientras la persona está en sintonía con la vida, la vida y las fuerzas del amor se funden en una única realidad; la vida es amor y ese amor se expresa a través de la aceptación, de la pertenencia, del agradecimiento a lo recibido y del respeto por la dimensión espaciotemporal (el orden). La corriente de la vida es entonces dirigida por una fuerza primigenia que escapa a nuestro intelecto.

Cuando uno rechaza algo o excluye a alguien, deja de estar en sintonía con la vida y la fuerza vital se aleja, siguiendo hacia delante con otros individuos, y los órdenes del amor crean un movimiento de reparación, poniendo en acción las dinámicas de compensación de los desórdenes. La reparación del desorden se despliega en todas las facetas de la vida de la persona, bloqueando su avance fluido, como su autonomía, hasta que, gracias a todas las compensaciones arcaicas que se van a presentar, la persona o un descendiente abran el corazón e inicien un movimiento consciente de reconciliación o de asentimiento a la vida tal como es. A partir de entonces, las fuerzas del amor son de nuevo respetadas por la entrega del yo adulto a la vida tal como es y la fuerza vital se vuelve a interesar por la persona.

Esta capacidad Adulta de asentimiento e inclusión aparece incluso en los niños.

La vuelta al fluir con la vida se produce por lo tanto de dos maneras. La primera, en el contexto de una reconciliación, premisa de toda sanación, y hablaremos de la presencia de las fuerzas del amor y del paso de la compensación arcaica a la compensación adulta.

La segunda, sin necesidad de sanación del pasado: el cliente toma en su corazón los dramas del pasado, honra ese pasado que configura su vida actual y decide vivir su vida tal como es, disfrutarla y ser el único responsable de ella. Es el instante en el que se dispara la fuerza vital en la vida de la persona: determinación, fuerza, impulso de supervivencia y alegría de vivir, estén como estén las cosas. Es lo que he llamado «actitud cuántica y constelación cuántica».

Esta fuerza vital está siempre disponible, pero se hace efectiva únicamente cuando uno empieza a poner algo de su parte, a soltar lastre. El universo se lo agradece, reconectándolo con su fuerza de vida.

LA FUERZA DEL ASENTIMIENTO A LA VIDA

La primera fuerza del amor es el asentimiento a todo tal como es; es la fuerza que nos conecta con la vida. Asentir es agradecer y respetar a cada uno y cada cosa por existir tal como es, tal como ha sido pensada y creada dentro del Destino Colectivo, por y hacia algo más grande.

Estar en sintonía con la vida crea paz y armonía internas, vivimos con creatividad y levedad, nuestra capacidad de adaptación se multiplica, el drama desaparece de nuestras vidas, vivimos todas las emociones primarias, las cuales, a su vez, nos llevan a una acción eficaz y certera. Somos uno con todo y cualquier tensión se vive como la oportunidad de soltar algo pasado. El fluir con la vida nos impulsa automáticamente a estar en el agradecimiento y, simultáneamente, nuestro alrededor se vuelve exitoso y abundante.

Nos entregamos al baile del universo, bailamos con él y él baila con nosotros. Dejamos que algo mayor, un campo mayor, otros campos, otras fuerzas, nos guíen y nos marquen el ritmo.

Caminamos por el sendero imprevisto que nos marca la vida y esta camina con nosotros. El universo nos guía y nos protege, respetando nuestra libertad de decisión. Nos alineamos con su guía y actuamos.

En la infancia, el ser humano recibe el legado que le dejaron los ancestros a través de los mandatos inconscientes de sus padres, a la vez que vive sus propias experiencias, traumas y conflictos. Esa infancia será el único camino posible de crecimiento del individuo una vez adulto. De pequeña, esta persona toma una serie de decisiones y creencias inconscientes o semiconscientes sobre lo que será el resto de su vida, con base en la fidelidad del «Yo, como tú» o la compensación del «Yo, por ti», movida por el amor arcaico incondicional a su sistema familiar.

En la edad adulta, la vida irá presentándole situaciones que esa misma persona ha decidido, hasta que se dé cuenta de ello, aceptando todo tal como es, aceptándose a sí misma y aceptando primero su destino y tomando nuevas decisiones, sin victimismo ni creencias limitantes.

Todo lo que pensamos, sentimos o reprimimos crea la realidad que nos rodea. El efecto de nuestras emociones sobre nuestro entorno es muy rápido, pero, sin embargo, nos cuesta mucho ver la relación entre ambos. La paz o la alegría interior crean una resonancia que atrae a los demás y los ayuda a estar en paz también. Los acontecimientos externos, por un lado, se desarrollan con armonía y abundancia.

Por otro, los conflictos internos, las creencias destructivas y las emociones reprimidas provocan accidentes, imprevistos e incomodidades que serán el reflejo exacto y casi inmediato de esos conflictos, emociones negativas o creencias.

Así, la vida nos propone un camino de crecimiento hasta nuestra muerte, llevándonos, de rendición en rendición, de aceptación en aceptación, hacia un agradecimiento creciente por nuestra vida y nuestro destino, más éxito, más libertad y más amor.

Asentir a todo es a la vez dejarse dirigir instintivamente por las otras tres fuerzas del amor.

Solo se puede sintonizar con la vida si incluimos a todos por igual. Es decir, estar en sintonía es vivir el amor del espíritu, tal como lo hemos visto anteriormente; es estar de acuerdo con todo lo que existe; es, por lo tanto, aceptar incondicionalmente nuestra pertenencia como la de todo y todos los que existen.

Estar en armonía con la vida significa que incluimos todo, respetamos el tiempo, estamos en paz con nuestro lugar y nuestra responsabilidad en los distintos círculos en los que participamos y nos movemos para dar y recibir.

Reconocemos así que la fuerza del asentimiento es la mayor fuerza de sanación de nuestra vida.

En cuanto rechazamos algo, la sintonía se retira. Inmediatamente, notamos el cambio: sentimos malestar, emociones secundarias y dramatismo. Trabamos una o varias fuerzas del amor y su reacción empieza a manifestarse a través de dificultades, fracasos, conflictos, enfermedades, etc.

Nuestra libertad

El Destino y la libertad son uno. Se realizan el uno con la otra, se necesitan mutuamente.

Lo profundo siempre es paradójico: lo profundo siempre cumple con la misión de unir lo dual. La esencia de lo profundo es la fusión de los opuestos. Esa esencia es amor.

Ese amor no es una emoción ni un sentimiento, sino una actitud del ser: tomar todo, exactamente todo, tal como es.

La dualidad, o la polaridad, en nuestras vidas se manifiesta esencialmente por la oposición entre la presencia de un destino impuesto por el pasado de nuestro sistema familiar y nuestra facultad adulta de decisión. Todos los campos a los que pertenecemos, así como las compensaciones que heredamos, marcan la orientación de nuestra vida. Simultáneamente, nuestra reacción a esa predestinación alivia o empeora nuestro destino individual.

No está todo escrito. Al nacer, o mejor, en el momento de la concepción, recibimos una pertenencia, con su precio y sus regalos. Más adelante, conforme nos hacemos adultos y dejamos de depender de nuestra familia de origen, adquirimos la libertad de aceptar o rechazar lo que la vida nos presenta.

Tenemos un margen de libertad estrecho, pero suficiente para que dicha libertad sea decisiva en nuestras vidas: la libertad de asentir o de rechazar, la libertad de dirigir nuestra energía hacia donde decidamos.

Seguir dependiendo de la familia de origen, o del clan, significa seguir amando y seguir rechazando lo que la familia o el clan aman o rechazan.

Nos hacemos autónomos cuando somos capaces de decidir por nosotros mismos a quién amar y a quién rechazar. La madurez y la adultez nos llegan al soltar las lealtades familiares, al aceptar cada vez más la vida tal como es, renunciando a la lucha y viendo a los demás como seres iguales que nosotros, habitados por la misma energía de otra dimensión que yo. Experimentamos que, conforme más agradecemos todo, más liviano se torna nuestro destino.

Y, desde luego, esta renuncia a la lucha y a la crítica viene de nuestra libertad más profunda. Es una renuncia al miedo, a ser juzgado, al orgullo; renuncia a darme a mí más importancia que a los demás, aceptación de ser imperfecto y de poder ser criticado por los demás. La actitud de aceptación incondicional o de rendición implica el grado más alto de nuestra libertad de decisión. Debido a la ley del equilibrio entre el dar y recibir, el universo responde agradecido a esta entrega **dándonos** toda su abundancia.

Podemos entender, desde esta visión, que fueron necesarios muchísimos miles de años para que el Destino se fuera aligerando. Mientras unos se someten ciegamente a **él** movidos por el miedo o la seducción y otros luchan y se esfuerzan para controlarlo con poder, todo se repite una y otra vez; los campos mórficos controlan todos los comportamientos y creencias, las estructuras morfogenéticas determinan el rol y el lugar de cada uno. Un instinto de imitación de los demás y de nuestra persona se apodera de nosotros; el sentimiento de culpa de ser distintos de los que más valoramos paraliza nuestra libertad y nuestra capacidad de decisión. Entregamos a otros el control sobre nuestra vida, renunciamos a vivir en el Adulto, manteniéndonos amargamente en el yo dependiente, sumiso, rebelde, crítico…

Nos oponemos a la vida tal como se presenta, por miedo, culpa o juicio; el éxito, el amor y la felicidad se retiran. Entonces entran en acción fuerzas correctoras, «las fuerzas del amor», y la situación global empeora.

La libertad individual es un peligro para la supervivencia del grupo y de su estructura.

Durante los primeros millones de años, los seres humanos estaban alejados de la sintonía con la vida y solo podían vivir dentro de la compensación arcaica y la dureza de la reparación de los órdenes del amor.

Sin embargo, muy poco a poco y más claramente en nuestra civilización desde hace unos pocos siglos, la resonancia de la vida de las personas que, con todo, elegían el camino de la libertad, ha ido transmutando el Destino. Va creciendo el campo de los que deciden rendirse al destino, lo agradecen incondicionalmente con la humildad y la fuerza de su yo autónomo, comprometidos con la acción, y asumen que crean su realidad a través de sus elecciones.

Destino colectivo y destino individual

La vida de cada uno está al servicio del Destino colectivo. Todos tenemos un destino individualizado dentro de la gran comunidad de destino que representa la humanidad; un destino individualizado y humanizado cuando decidimos aceptar esta vida tal como es y pertenecer a lo que nos corresponde. Por el contrario, es un destino difícil de llevar si mientras tanto nos estancamos en la queja, la rebelión, la sumisión o la venganza.

El destino individual se inicia con el legado del pasado, con lo que la multitud de generaciones anteriores consiguieron transmitirnos; destino este que aumenta por el vínculo con todos los grupos y campos a los que pertenecemos, consciente o inconscientemente (país, ideología, religión, raza, sexo, etc.); y destino que va perdiendo su individualidad también por la resonancia mórfica con los campos energéticos de emociones y comportamientos que almacenan el recuerdo de cualquiera de nuestras vivencias.

Recuperamos nuestra individualidad, dentro de la pertenencia a los campos, cuando humildemente nos aceptamos como somos y asentimos a lo que hay como es; es decir, cuando uno se rinde a como es, él y todo. El destino colectivo se transforma y se alivia gracias a la resonancia. La libertad entra en la vida del individuo.

La rendición

Estar en sintonía con la vida es percibir esta pertenencia de todos a todo y, en particular, nuestra pertenencia individual a todo. Lo que ocurre en el mundo o en el universo es igualmente respetable; no hay nada de más valor o de menos valor. Todo pertenece de la misma manera. No hay individuos de primera y de segunda. No existen tampoco elementos de segunda y otros de primera. Todo forma parte de un gran proyecto común en el devenir. Con base en nuestra perspectiva temporal, se trata de un proyecto en evolución, resultado de la interacción entre nuestras decisiones individuales, las fuerzas y resonancias colectivas y otras dimensiones.

Unas fuerzas que estamos empezando a entrever lo mueven todo. El individuo, guiado por la vida, sigue siendo dueño de sus decisiones. Nuestra conciencia nos permite tener esta libertad, la de crear nuestro destino; la de elegir entre aceptar o rechazar, fluir o luchar.

Existe una premisa para que esta creatividad sea para bien: respetar el principio de que todos y todo pertenecemos por igual.

Esto significa que uno acepta entregarse a todo lo que hay tal como se presenta. Si miramos la evolución de los astros y estrellas o los ciclos de la naturaleza, constatamos que todo está «pensado», todo funciona solo, en un orden perfecto. El ser humano es solo una pequeña pieza más de ese cosmos sin límites. ¿Por qué habría de funcionar de otra manera para nosotros?

La experiencia nos muestra lo siguiente: al aceptar la vida como se nos presenta y actuar con lo que se nos presenta, renunciando a luchar, renunciando a juzgar que algo está mal y decidiendo actuar con lo que hay, transformamos nuestra vida en un caudal de oportunidades más allá de nuestro entendimiento; oportunidades que responden a nuestros deseos más profundos.

Aceptar las cosas como son, rendirnos al mundo como es, es entregarnos a un orden global en movimiento que se individualiza con cada uno y permite la realización de todo aquel que se haya rendido al servicio del Destino de la Humanidad. Lo que nos ofrece ese orden global es plenitud, felicidad y libertad más allá de lo que nunca hayamos podido imaginar.

Las tradiciones místicas y de desarrollo personal nos hablan de ello. El paso decisivo hacia la felicidad que permanece, como la llama Bert Hellinger, es la rendición, simplemente la rendición y nada menos que la rendición.

Tenemos que asumir nuestra vida y nuestras responsabilidades y actuar, rindiéndonos ante todo lo que nos rodea, aceptando que las cosas son como son y que los demás actúan como actúan. Ellos están siguiendo su destino y sus decisiones. Habrán seguido o no las señales de su guía según su grado de intrincación con el pasado. Esto no es asunto mío, así es como pertenece esta persona. Lo que sí es asunto mío es que esta persona se ha cruzado en mi camino, el Destino nos ha hecho encontrarnos para que entre los dos surja algo nuevo. Así procede la vida.

Si me opongo, me resisto, niego, rechazo, me asusto, me indigno, etc., ¿qué provoco? La exclusión de esto o este en mi vida. Y el resultado será la entrada en mi vida de una fuerza correctora que me obligará, a mí o a mis descendientes, a reincluir en mi vida a los rechazados y olvidados.

La primera fuerza del amor es la de la rendición ante todo como es. ¿Por qué?

Todo es energía, todo está hecho de energía. Cuando observamos una vida o una constelación, vemos que todo está movido hacia una dirección, hacia más vida, más reconciliación, más bienestar. Vemos que los momentos duros son portales hacia cambios a mejor. Hay una dirección, un sentido. Todo va hacia la unidad gracias al respeto para con lo diferente, aunque sea difícil percibirlo.

Pero, si tomamos un poco de distancia y observamos todo el universo, podremos ver una coherencia tan grande en los movimientos de todo cuanto existe y en la evolución de ese mismo universo, o de lo que empezamos a comprender o suponer sobre esta evolución, que resultaría temerario aventurarnos a criticar lo que está ocurriendo. Simplemente, no tenemos bastante recorrido como para comprender.

El ser humano tiene libertad de decisión y puede actuar sobre la marcha del destino. Y aquí está nuestro drama: estamos inmersos en nuestras emociones —la mayor parte del tiempo, atrapados en el pasado— y decidimos sobre la realidad y el presente con base en nuestras perturbaciones pasadas que tenemos en mente, en las que el victimismo y el drama cultivan la exclusión y el rechazo, en vez de decidir a partir del Adulto presente e integrador.

Vemos que la naturaleza tiene un orden y un sentido, pero no vemos lo mismo entre los humanos. No sabemos, no nos damos cuenta de la fuerza de nuestras emociones, actos y pensamientos. No entendemos que los movimientos desagradables de lo que nos rodea tienen dos misiones: reflejar lo que hemos decidido sobre cómo eran las cosas y proponernos una toma de conciencia que nos permita despegar como seres humanos.

Solemos rechazar lo que es difícil o lo que no se ajusta a lo que pensábamos. Nuestros pensamientos y emociones también son energías que interfieren en el movimiento de las demás energías. Decir «No» es crear una energía de freno, de represión al movimiento que la vida estaba impulsando, impidiendo que este movimiento vaya hacia su finalidad y provocando que la energía de la dificultad se vaya acumulando y acumulando, mientras seguimos oponiéndonos o quejándonos de lo que nos está ocurriendo. En efecto, la energía no puede detenerse, es un movimiento continuo. Entonces, al bloquearla con la intención, provocamos simplemente una acumulación, un aumento del síntoma creado por la energía retenida.

En cuanto aceptamos por fin la situación, nuestra intención a favor permite que la energía se desbloquee, deje de dar vueltas y acumularse y, de nuevo, siga su camino. Entonces parece que ocurre un milagro, pero simplemente el movimiento va culminando su meta, que es siempre una reconciliación o una integración y una mejoría de las condiciones de nuestra vida.

La rendición es el «ábrete sésamo» del éxito, la abundancia y la libertad.

La rendición al destino tal como es nos hace libres.

La rendición a la corriente del río nos abre puertas que solo el río conocía.

La fuerza del orden

Aceptar la vida como es implica aceptarla con sus límites y variaciones culturales y temporales, con el sufrimiento y la muerte, y también con el orden y el caos con los que se nos presenta.

Es decir, asentir a la vida es asentir simultáneamente al orden invisible que la rige.

Ese asentir a la vida con el orden que le es inherente es la fuente del amor mayor. Como dice Bert Hellinger, primero va el orden y luego, el amor. Respetar el orden es respetar a cada uno tal como es, es humildad. A su vez, es amor por los demás tal como son, sin pretender cambiar nada, porque lo que hay, en el orden en el que se presenta, tal como está, lo genera un amor mayor y forma parte de un campo mayor del que somos cocreadores.

Respetar el orden significa que aceptamos que los recién llegados a la vida estén al servicio de los más antiguos, pues estos antiguos entregaron sus vidas para abrir camino a los siguientes. Los nuevos, cuando están en su lugar, tienen devoción para con sus mayores y dedican sus vidas a agradecerles su entrega, entregándose a su vez a su parte de camino.

Después de vivir miles de años en tribu, toda nuestra vida inconsciente, junto con nuestras emociones secundarias, está al servicio de la supervivencia de la tribu. La función crea el órgano. El sentimiento de culpa se encarga de mantenernos en estrecha dependencia de los demás.

El respeto por los mayores, vivido en el seno de la tribu, en la que nadie se atrevía a ser autónomo, se convirtió en sometimiento ciego e indiscutible.

Los seres humanos vivieron entonces la compensación arcaica. No había otra manera de agradecer la supervivencia que

aceptando incondicionalmente sacrificarse para el mantenimiento de la tribu. Los antiguos lanzaban estos mandatos:
«Tú, por nosotros» o «Tú, como nosotros». Y no existía otra
opción de supervivencia que responder, inconsciente e incondicionalmente, «Sí: por amor, yo, como vosotros, yo, por vosotros». El pequeño se hacía cargo del destino de sus antecesores
provocando ciclos sin fin de compensación arcaica, dolor, victimismo, venganza y expiación. Hablamos aquí de compensación arcaica, pues lo que anima al pequeño que decide esto es
el amor simbiótico, el deseo de compensar lo que ha recibido
desde el pensamiento mágico infantil, no desde el realismo
adulto.

Y estas decisiones inconscientes de sufrir, matar, pagar por
algo, vengar, etc., nos van a perseguir el resto de nuestras vidas,
provocando que estemos viviendo algo en el lugar de otros.

La fuerza de orden no respetada desatará manifestaciones
ciegas y terriblemente dolorosas para despertar la comprensión de los seres humanos, mostrándoles que por ahí no era el
camino, a fin de que se atrevan a tomar nuevas decisiones conscientes y adultas, al servicio de una verdadera compensación de
amor; decisiones como: «Yo puedo. Elijo la alegría. Disfruto
de lo que me toca. Asumo mi responsabilidad. Todo está bien.
Actúo».

Entonces, ¿qué es el orden?

Cuando uno fallece, se va con unas cuantas experiencias de
la vida culminadas y con otras incompletas. Por ejemplo, no
acabó de hacer el duelo de la muerte de un hijo, no asumió el
daño que hizo a su primera esposa o no agradeció la ayuda que

le prestó un familiar al precio de su propia vida personal. Pero, una vez muerto, no puede hacer nada para modificar esas situaciones y terminar lo que empezó. Necesita que sus descendientes hagan algo por él. Pero ¿el qué?

Con dolor, y quizá enfado, observa que el descendiente, con su peligroso amor mágico infantil, quiere imitar sus pasos o vivir por él lo que no fue capaz de hacer. Observa que el descendiente se arroga el derecho de vivir la vida del antepasado.

Sin embargo, lo que necesita el muerto es que su descendiente tenga el valor de vivir su propia vida, haya pasado lo que haya pasado antes; que la viva de un modo autónomo, que disfrute de su destino y que se enfrente a todos los retos que la vida presenta, asumiendo cada emoción y cada acto. Entonces es cuando el muerto termina su proceso de muerte: la resonancia del vivo que se atreve a asumir su vida tal como es compensa lo que el muerto no pudo hacer mientras vivía, y este puede por fin irse. Si el vivo acepta vivir, el muerto puede terminar de morir.

Si el vivo vive, el muerto puede irse.

A través de la representación muy centrada de las constelaciones, hemos podido incluso asistir a la transmutación completa de un muerto: volver a ser pura energía, sin pasado ni identidad. Ocurre en las nuevas constelaciones que, cuando un vivo se entrega profundamente a su vida, un muerto llega para, primero, descansar totalmente, casi dormirse, y, luego, gradualmente, para querer levantarse de nuevo e ir a la vida, como energía de vida, energía anónima de vida.

El fallecido deviene entonces en patrimonio de sus descendientes. Sus dones, su nivel de desarrollo y todos sus aprendizajes ya forman parte del ADN de todos sus descendientes.

¿Qué ha ocurrido? ¿Dónde está la fuerza del orden?

El mayor, el que ha vivido antes que otros, necesita respeto y agradecimiento. Nada más. Sin juicio, sin salvadores. De esta manera, su misión es reconocida y sus sufrimientos cobran sentido.

El que viene después reconoce que es posterior y que su vida es posible gracias a lo que los anteriores vivieron, que fue como fue y ya ha terminado; solo necesita ser agradecido. El dolor pasado respetado es el portal de las transformaciones.

Las dificultades son la llave cuántica de las nuevas posibilidades.

El más joven acepta vivir su vida por sí mismo, en el presente que le corresponde, no en la fidelidad al pasado del ancestro. No cede al sentimiento de culpa que acompañará cualquier atisbo de autonomía y creatividad. Y en esa entrega valiente al presente, la persona tiene el coraje de vivir su vida autónoma y creativa de Adulto, adaptando la herencia y los ritos de la tribu al momento actual, renunciando a las imitaciones y mandatos del pasado.

El respeto del orden —es decir, de nuestro momento— es entonces algo sutil, que supera la conciencia moral, algo que necesita voluntad, fuerza, respeto y humildad.

La repetición del pasado, como observamos en especial gracias a las constelaciones, no es un acto de respeto, sino de sumisión infantil, promovido por nuestras intrincaciones, miedos y culpabilidades. La imitación de los valores tradicionales tiene la mirada puesta en el pasado y la muerte.

Vivir en el pasado es mucho más cómodo que vivir en el presente, el cual, fugaz por definición, exige que nos reinventemos cada mañana, teniendo en cuenta la inseguridad y el vértigo de un futuro desconocido.

La jerarquía natural entre individuos

Una de las principales características de la vida humana es que se enmarca dentro de la dimensión tiempo-espacio, de modo que el principio del viaje de cada uno determina su lugar en el espacio del universo y, por lo tanto, su relación con los demás y con el todo.

Asentir a la vida es asentir a ella tal como es, ordenada en las dimensiones tiempo y espacio. Y ese orden es previo a nuestra llegada; no tenemos la libertad de decidir cuál es nuestro lugar. La sintonía con la vida, el sí incondicional a todo, implica el reconocimiento de un orden preestablecido y el acatamiento de las reglas de ese mismo orden: mientras pasa por el tiempo, la energía se materializa en un ser humano, que es mortal y nace, crece y muere.

Gracias al tiempo, la experiencia humana tiene un principio y un final, es cambio hasta la muerte, lo que permite experimentar la consecuencia de las decisiones, los pensamientos y los actos. El instante presente es la vivencia de la confluencia de todas las dimensiones del tiempo; es, a la vez, pasado, presente y futuro; es momento sin tiempo.

Y esa energía materializada en un cuerpo y un universo espaciotemporal que somos fluye con fuerza del nacimiento a la muerte, del antes al después...

Fluye con fuerza siempre que respetemos el sentido del movimiento del tiempo —hacia delante, desde el presente hacia el futuro— y el lugar que nos corresponde. No hay fuerza ni creatividad si tenemos la mirada fuera del momento presente o si estamos en otro lugar.

No hay fuerza si alguien que llega después quiere ponerse el primero, antes. Tampoco hay fuerza si alguien ha sido eliminado de su lugar o ha decidido no estar en el lugar que le corresponde, aunque sea por amor a otro.

El comienzo de la vida es el resultado de un salto cuántico: la concepción. La fusión de dos personas complementarias crea una nueva vida. La energía crea nueva energía, fenómeno increíble de generación espontánea.

El final es la muerte, etapa previa a un nuevo salto cuántico, que nos hará llegar a una nueva dimensión, a una nueva realidad, fuera del tiempo y el espacio.

Cuando uno está en su lugar tiene fuerza y es eficaz, respeta a los más antiguos y tiene el respeto de los nuevos. A cambio, los más antiguos le dan su protección y él da su amor a los más nuevos, dedicando toda su energía al servicio del objetivo en el que está participando.

El que llega después ha de respetar lo que estaba antes que él. Cuando el que llegó primero a la vida se siente respetado por el que vino después, el primero vuelca su amor en el más joven. Pero si el más joven no respeta al más antiguo, entonces este se alejará del más joven.

Con el paso del tiempo, el lugar se modifica, lo que permite que, de un modo natural, cada individuo pase por todos los rangos jerárquicos, no por méritos propios, sino simplemente por el tiempo vivido. El orden crea democracia, cada uno tiene el mismo poder que todos los demás. Y la edad es la que se encarga de distribuir el reparto de poder de modo equitativo a cada uno.

Gracias a esa ley de jerarquía natural, todos los que están en su lugar respetan, instintiva o intuitivamente, lo que hubo antes, especialmente a sus padres y a lo Anterior a la Vida, honrando así, de forma instintiva y no consciente, lo primigenio.

El respeto a lo que estaba antes nos lleva a la conexión con lo que siempre estuvo, con ese algo más grande que lo piensa y lo mueve todo tal como es con el mismo amor hacia cada uno, aunque no sepamos de qué se trata.

El orden crea la conexión.

El crecimiento personal, o espiritual, solo puede darse en la persona que está ordenada, que está en su lugar. Mientras no esté en su sitio, una persona vive en la dualidad; ni conecta con la realidad ni conecta con el «espíritu», y se crea un mundo espiritual separado de la realidad material que no es más que la sustitución de los padres que no ha tomado; un mundo espiritual que se desplomará, como un castillo de arena, cuando encuentre su orden, y será sustituido por la reunificación con todo, por la comprensión y vivencia del uno.

La separación entre materia y espíritu habrá desaparecido. La materia es energía, es espiritual.

De un modo intuitivo uno se conectará con un orden mayor, con lo primigenio, aunque no sepa definirlo. El ser humano se siente habitado por el orden mayor, es vacío creador, es campo fuente, es presencia. Es vibración, es una de las frecuencias de la única gran onda de amor que lo atraviesa todo en un presente perpetuo.

La persona en su lugar lo es todo. Es la naturaleza y sus ciclos, es la presencia de algo más grande. No necesita vivir ritos para honrar fenómenos externos a ella misma. Lo vive todo internamente. Es todas las dimensiones que existen. Es todos los mundos que existen.

Bert Hellinger nos recuerda que esta fusión se puede dar de un modo arcaico, simbiótico, como regresión a un periodo infantil de indiferenciación con la madre, o de un modo adulto, fusión con identidad.

Bert nos dice que el orden significa estar en nuestro lugar con respecto a nuestra madre: «Sin madre no hay nada, ni pareja, ni éxito, ni salud». Y a nuestro padre: «Sin padre no hay fuerza».

El asentimiento al orden es lo primero.

Que exista un lugar preciso para cada uno significa que todos pertenecen, todos tienen derecho a su lugar, haya pasado lo que haya pasado, hayan hecho lo que hayan hecho.

El lugar, como la pertenencia (lo veremos más adelante), es independiente de lo que hayamos hecho, es decir, de nuestros méritos o culpas, e independiente también del tiempo que vamos a vivir.

Aquí debemos preguntarnos: «¿Un lugar dónde?». Un lugar en todo lo que existe. Alguien existe porque ha sido pensado. Todo es creado por esa Energía Total, ella misma en devenir, todo es concebido y querido por ese Algo Más Grande, para quien no hay separación, todo es contenido en esa presencia, por lo que todo lo creado pertenece a todo; pertenece a los campos que conocemos y pertenece también a todos los campos, frecuencias y universos que desconocemos.

Todos y cada uno de nosotros tenemos un lugar, y solo uno, en TODO lo que existe. En cada campo, un lugar distinto y muy preciso que evoluciona con el tiempo.

El lugar significa que todos tienen a quienes honrar y a quienes querer. Todos estamos precedidos por unos y somos los anteriores de otros. El lugar de un embrión de una semana tiene la misma importancia que el de un abuelo centenario. Ambos son eslabones que necesitan el mismo respeto y agradecimiento, a cambio de los cuales transmitirán amor y energía a los descendientes.

No estar en el lugar que nos corresponde

Si uno no respeta la jerarquía natural no podrá respetar nada ni a nadie: el desprecio, el despotismo, el victimismo y la manipulación entran en su vida.

Son las intrincaciones, las fidelidades arcaicas y las emociones infantiles las que le impiden a uno estar en el lugar que le corresponde, y las pruebas de la vida harán lo posible para despertar a la persona y ponerla en su sitio. Sin embargo, los beneficios secundarios encontrados para sobrevivir con ese desorden suelen dificultar mucho el poder soltarlo.

Cuando uno no está en su lugar, o se siente por encima de los demás o se siente por debajo. No es cuestión de orgullo ni de inferioridad; simplemente está reemplazando a un excluido, y este reemplazo le impide estar en el lugar que le corresponde. Si un hijo es impertinente con su padre o su madre, no se trata de mala educación, sino de que ese hijo, en su amor arcaico, está reemplazando a alguien de una generación superior a la de sus padres. Es posible que su madre o su padre le hayan dicho: «Tú, reemplázalo por mí», y el hijo haya decidido, temprana e inconscientemente: «Yo, por vosotros».

La desgracia para este hijo, movido por el amor mágico incondicional e inconsciente por todos sus familiares, es que lo sistémico no ve las intenciones, solo ve los hechos: este pequeño está por encima de sus mayores, les está faltando al respeto y no ha tomado a sus padres.

En efecto, ¿cómo va a tomar a sus padres si se siente mayor que ellos? Las consecuencias no se harán esperar en forma de fracaso en distintas esferas de su vida. El niño desesperado no puede hacer otra cosa que lo que hace, esperando profundamente que sus padres se den cuenta de que tiene «mal comportamiento» por amor a ellos.

No elegimos dónde crear un hogar, dónde vivir o tener éxito.

Tendremos éxito en el lugar con el que tenemos una deuda.

La mujer soltera y el hombre, soltero o casado, tienen éxito en su país de origen o en el de su padre, a no ser que ese país les haya hecho daño; en tal caso, otro país se ofrecerá para compensarlos.

Algunas veces, la fidelidad a un ancestro emigrante hace que el descendiente cumpla con la añoranza del antepasado de volver a la tierra de sus padres. En ese caso también, vemos cómo el éxito puede acompañar al viajero.

La mujer casada se realizará siguiendo a su marido. Aquí se trata de cumplir con el equilibrio entre dar y recibir, distinto para cada miembro de la pareja.

No elegimos la edad que queremos tener o parecer, y nos daremos cuenta de que las personas impulsadas a la cirugía estética muestran que están reemplazando a alguien que murió joven. También pueden estar reemplazando a una pareja anterior de los padres o abuelos, y no soportan, inconscientemente, superar la edad a la que esta persona se separó.

No aceptar la edad significa no haber tomado a la madre y simultáneamente no aceptar la vida tal como es; no aceptar el paso del tiempo, la vejez ni la muerte.

El orden en un grupo

El orden en un grupo se consigue, fundamentalmente, colocando a los que han llegado más recientemente a la izquierda de los que pertenecen desde hace más tiempo, de tal manera que cada uno tiene a su izquierda a gente más joven que él y, a su derecha, a gente más mayor; más joven y más mayor con respecto a su entrada en el grupo. Si el grupo es la familia, la edad es la que va a ordenar a los miembros. Si el grupo es una empresa o un grupo de trabajo, el orden será a la vez la cronología de la llegada a esa empresa y el rol desempeñado.

Un grupo ordenado es una comunidad entregada a sus objetivos.

Si en el grupo uno no está en el lugar que le corresponde, o bien está usurpando el lugar de otro, o bien está haciendo dejación de su lugar y su responsabilidad. La consecuencia es la pérdida de fuerza del individuo y de todo el grupo.

Las personas desordenadas inconscientemente sienten que tienen que luchar para mantenerse, se sienten acomplejadas, no reconocidas, o bien se hacen notar en exceso. Algo inconsciente las empuja a manifestar el desorden; sus preguntas o intervenciones en el grupo revisten cierta incoherencia. El campo quiere materializar el desorden para que se le pueda poner remedio. La energía del grupo va a recaer en los conflictos inconscientes creados por el desorden: desprecio, irritación, juicio, malestar, resentimiento, injusticia, soledad, desconfianza hacia los presentes… En los grupos desordenados, toda la energía recae en la recuperación del orden y de la consideración correspondiente. Se darán todos los fenómenos conocidos como «dinámica de grupo», al servicio de la tarea oculta del restablecimiento del orden; ni el grupo ni las personas tendrán energía disponible para el objetivo común.

El orden permite la paz y la eficacia.

En los grupos de trabajo, si los miembros han respetado la jerarquía natural (en primer lugar, la antigüedad y, en segundo lugar, la función), toda la energía estará disponible para la tarea común. Cada uno tiene un lugar específico; si lo ocupamos, desaparecen los enfrentamientos, todos se respetan, el interés consciente recae en el objetivo común, no hay intereses ocultos, se vive con coherencia y bienestar, los nuevos se sienten acogidos e integrados desde el primer momento.

Por lo que cada uno tiene un único lugar posible, le guste o no, diferente en cada momento y cada actividad en la que participe. Ese es el lugar en el que fluyen todas las bondades de la vida (fuerza, éxito, salud, amor), mientras que fuera de su lugar la consecuencia es inmediata y muy dura. La persona ya no tiene acceso a esas bondades y vive en el fracaso, lo disfrace como lo disfrace. A menudo, no respetar el orden lleva a la tragedia, enfermedades graves, accidentes mortales, ruina, etc.

El orden entre sistemas

El sistema más reciente tiene preferencia sobre el sistema más antiguo. El primero tiene más energía y más creatividad al servicio de la vida que los sistemas antiguos, por lo que estos han de tener el valor de confiar en el nuevo sistema, retirarse y dejar hacer.

La familia actual tiene preferencia sobre la familia de origen.

Los adultos han de separarse de su sistema de origen para entregarse a la creación y al mantenimiento de un nuevo sistema, su «familia actual». Para los adultos, la pareja y los hijos tienen ya más importancia que sus padres. Estos adultos son responsables del nuevo sistema que han creado.

El sistema de los abuelos debe respetar el sistema de sus hijos y retirarse. El vínculo afectivo se mantendrá, pero la fuerza vendrá de la retirada del sistema antiguo, que deja el protagonismo al nuevo.

Una nueva familia resultado de tener un hijo en una relación adúltera tiene preferencia sobre la familia «oficial» anterior.

Cuando se crea un nuevo sistema y luego no se le da cabida, un individuo pequeño va a representar a ese nuevo sistema, y, como el nuevo sistema eliminado, este pequeño va a ser excluido o va a morir, como se ve a menudo en el caso de un nuevo sistema creado por un hijo no reconocido.

De la misma manera, hay que respetar y agradecer los sistemas antiguos; de lo contrario, se pueden llevar su trofeo a través de la identificación de un recién llegado con ese sistema. Ese descendiente puede morir o tener graves dificultades para pagar el «daño» infligido en el sistema anterior. Lo podemos observar especialmente en el caso de los sacerdotes que dejan su compromiso con un primer sistema —la Iglesia— para casarse y crear un nuevo sistema. El primer hijo suele morir.

Una empresa nueva tiene preferencia sobre una empresa antigua. Sin embargo, en el reparto de poder después de la fusión, el respeto de la jerarquía individual prima.

Los grandes sistemas anteriores a la vida humana, como los sistemas minerales, vegetales o animales, están al servicio del sistema más reciente, el de los humanos, a cambio de su respeto y agradecimiento.

Como veremos más adelante, el mundo es neutral, ni bueno ni malo. Es una masa de arcilla modelada por nuestras decisiones, emociones y creencias. Nuestra intención, por increíble que parezca, actúa sobre nuestro entorno[5]. Nuestra resonancia

---

[5] Véase McTaggart, Lynne: *El campo*, 2002, Sirio, y *El experimento de la intención*, 2008, Sirio.

es permanente. No pasamos desapercibidos por el universo, nadie. Todo lo que pensamos o sentimos tiene consecuencias. El Campo Fuente[6] al que todo pertenece y en el que todo toma sentido lo orienta todo hacia nuestra evolución. Lo externo va reflejando nuestro interior para que podamos redirigir nuestras emociones y pensamientos hacia más amor.

Los desastres naturales podrían ser la materialización de nuestra falta, individual y colectiva, de amor y respeto. De la misma manera que los conflictos que animan nuestras vidas individuales son resultado de nuestra negación al amor y están al servicio de nuestra liberación de lo estrecho y pequeño, las catástrofes colectivas son resultado de energía negativa acumulada. Los grandes sistemas que precedieron al sistema humano se ponen así al servicio de dicho sistema, expresando nuestra negatividad colectiva para que le pongamos remedio.

Todavía parece que, a esa escala, las fuerzas de compensación siguen siendo ciegas y crueles, dirigidas hacia muchos inocentes, mientras que, a nivel individual, podemos ver cómo el amor mayor impregna cada vez más estas mismas fuerzas de compensación, acercando la consecuencia sistémica al que la provocó. La frase de la biblia «su culpa recaerá sobre siete generaciones» ha perdido su vigencia desde que Bert Hellinger creara ese campo mórfico del amor del espíritu. Hoy, el pago de las culpas se acerca sigilosamente y por amor al verdadero perpetrador.

Los sistemas animales amortiguan la energía asesina de los humanos, ofreciéndose en lugar de ellos al instinto asesino. Las consecuencias sistémicas del asesinato de un animal son mucho menores que las del asesinato de un ser humano. Existen,

---

[6] Referencia a David Wilcock y Vadim Zeland.

pero la compensación del daño es menos grave que cuando se trata de la muerte de una persona.

Por ejemplo, los animales que matan los cazadores permiten desahogar una energía asesina acumulada desde hace varias generaciones que sería capaz de provocar hecatombes si no fuera por la amortiguación que ofrecen los animales.

Resaltemos que esta ley entre sistemas, la primacía del más joven, únicamente funciona si a nivel individual el joven respeta al antiguo, si el hijo respeta a su padre, si el empresario más joven respeta al empresario más antiguo, o si la persona respeta a los animales con los que convive o la naturaleza que le permite vivir.

LA FUERZA DE PERTENENCIA

La consecuencia del respeto de la jerarquía natural es que todas las personas tienen el mismo derecho de pertenencia, cada una en su lugar, independientemente del sitio, de la duración de su vida o de lo que haya pasado.

Pertenencia y orden van totalmente unidos. En cuanto alguien no está en su sitio, o bien usurpa el lugar de un excluido, o bien crea una nueva exclusión, y el sistema lo vive como un excluido de su lugar.

La pertenencia al Campo de la energía materializada

Este es el orden del amor mayor. Sin este, los otros dos órdenes del amor —jerarquía natural y equilibrar dar y recibir— son órdenes de muerte. Ambos órdenes anteriores se transforman en órdenes de vida y de amor únicamente gracias a la presencia del orden del amor de la pertenencia.

Vivir es pertenecer.

El ser humano nace de la pertenencia a sus padres. Su inmadurez biológica exige que pertenezca y dependa de otros para poder sobrevivir. Esta pertenencia le da seguridad y a la vez le enseña a intercambiar con los demás.

Esta seguridad necesita y crea órdenes: respetar una jerarquía natural en la que cada uno encuentra simultáneamente su lugar y su rol, en el respeto y el amor de los demás; reconocimiento de pertenencia a los campos que la vida humana va creando; campos que nos enraízan a la tierra.

Primero hay que pertenecer y agradecer lo que nos permite existir; después, avanzar.

Todos tenemos el mismo derecho a pertenecer. A todo. Todos pertenecemos a todo.

Todas las personas tienen el mismo derecho de pertenencia, cada una en su lugar, por el solo hecho de existir, independientemente de lo que haya pasado.

Todos pertenecemos a distintos sistemas y campos, imbricados unos con otros. Estamos en interacción continua con todos los miembros de los distintos sistemas y grupos a los que pertenecemos, y, a través de los demás, cada uno acaba resonando con todos.

Esa pertenencia es la esencia de la democracia: respetarnos los unos a los otros, todos distintos y todos con el mismo derecho a vivir y realizarse. Los órdenes del amor crean democracia. Son su estructura.

La resonancia mórfica como herramienta de pertenencia

Cada vez que alguien hace algo, ese algo se memoriza en un campo, una especie de nube energética que crea una resonancia de imitación. El desarrollo de las células de los seres, la naturaleza, los actos…, todo lo que vive es guiado, ordenadamente, por una especie de campo electromagnético de muy baja intensidad que fue observado ya en el siglo XIX por algunos biólogos. Lo llamaron «alma» y el ambiente positivista de entonces no dio crédito a esta observación. En el siglo XX, el biólogo Rupert Sheldrake retomó esta investigación a la que está dedicando su vida.

Observa que todo es energía, todo vibra y crea resonancia. Cuando se desarrolla un fenómeno, este crea una resonancia que atrae hacia sí otros elementos con la misma frecuencia, de tal manera que, para estos otros elementos, será más fácil imitar el primer fenómeno que crear uno distinto. Cuantos más elementos imiten el primer fenómeno, más fuerza de atracción tendrá esta resonancia. Por ejemplo, según él, las leyes de la naturaleza no son leyes, sino el resultado de la repetición cada vez más contundente de los mismos fenómenos.

Rupert Sheldrake llamó a estos campos de información o de memoria «campos de resonancia mórfica».

Hasta los años ochenta del siglo XX creíamos que todo estaba transmitido genéticamente vía el ADN. Ahora sabemos que apenas un veinte por ciento de lo que vivimos se puede determinar por los genes. Lo demás lo transmite la resonancia mórfica.

Existen varios tipos de resonancia que actúan sobre los seres humanos para hacernos pertenecer a la gran familia del Universo.

Por un lado, están los campos de resonancia morfogenéticos que dirigen la evolución de los genes y de los individuos de cada especie, transmitiendo cómo tiene que desarrollarse un grupo determinado de individuos. Gracias a esta resonancia, los genes de cada recién concebido son guiados por la pertenencia a su especie, sobre todo con los que sistémicamente esté dependiendo, intrincado o en comunidad de destino. Cada embrión recibe información de todo lo que vivieron sus antepasados, y tanto sus células saben cómo desarrollarse como su personalidad cómo adaptarse para pertenecer a tal o cual sistema familiar. Estos campos morfogenéticos de resonancia transmiten estructura, historia y dinámica.

Por otro lado, observamos los campos mórficos mentales y sociales, que son los que atraen hacia un comportamiento determinado a todos los individuos de una misma especie o de una misma frecuencia, pero no transmiten ni su estructura ni su historia ni su dinámica. Informan de la repetición de una actitud precisa, vivida en cualquier parte del mundo y en cualquier época.

Esta resonancia también nos conecta con los grupos a los que pertenecemos, dictándonos las actitudes necesarias para que dichos grupos sigan vivos y nuestra pertenencia asegurada, en detrimento de nuestro libre albedrío y nuestra autonomía. Sin embargo, no tenemos conciencia de esta pérdida de nuestra capacidad de adultez. Todos venimos de la tribu, donde nadie era adulto, y esta secuencia de seguridad frente a autonomía está inscrita en lo más profundo de nuestras memorias.

Para simplificar, utilizaré el término *campo mórfico* para referirme a la memoria de algo puntual (una emoción o un acto concreto); *campo morfogenético*, para designar los sistemas familiares y su transmisión, tanto genética como sistémica; y *campos de pertenencia*[7], para los campos que utilizan la resonancia mórfica de imitación de los comportamientos, creencias y emociones, así como la fuerza de compensación de polaridades.

Cuantas más personas hagan lo mismo, más fuerte será la resonancia creada y más personas estarán atrapadas instintivamente por la imitación de ese grupo, las cuales se sentirán inconscientemente atraídas a pertenecer, sin oponer resistencia. El campo, a su vez, tiende a atraer a más individuos hacia sí, y, cuantos más individuos pertenecen al campo, más fuerte es su atracción, hasta el punto de que llega un momento en que ese campo franquea un umbral al contener la vivencia de un número determinado de seres (humanos o animales) —umbral llamado «masa crítica»—, y, de golpe, la actitud o comportamiento memorizados por el campo se transmite a todos los demás seres humanos o animales, de modo que dicho comportamiento, a partir de ese momento, pertenece a la genética colectiva o patrimonio de la humanidad.

Por el contrario, si los miembros del campo van transformando el comportamiento, se crea un nuevo campo, el del comportamiento modificado, y el campo anterior va perdiendo fuerza y atrayendo cada vez a menos gente.

Es útil distinguir los campos mórficos limitantes de los campos posibilitadores. Gracias a las nuevas constelaciones hemos podido observar una y otra vez cómo las personas están fascinadas y despersonalizadas con los campos de resonancia limitantes. Han sido atraídas desde un Estado Niño o Padre, es decir, un yo infantil. Son incapaces de soltarse y mirar a su

---

[7] Sheldrake los llama «campos sociales» y Vadim Zeland, «péndulos».

alrededor, están extraídas de la realidad. Su energía adulta está vampirizada por la resonancia del campo mórfico.

Pero los campos mórficos posibilitadores son campos de energía adulta que impulsan a la persona hacia la autonomía, hacia más vida, más conciencia y más amor, sea cual sea la resonancia mórfica de ese campo.

A diferencia de las fuerzas del amor, estos campos no son fuerzas, sino sumas de resonancias que atraen instintivamente a los individuos de su especie. Cuantas más personas hagan lo mismo, más fuerte se hará el campo y más personas lo imitarán.

El estar atraído por ese campo de resonancia es totalmente inconsciente, y la persona hará todo lo posible por seguir en dicha resonancia; tomará todas las decisiones posibles para poder seguir viviéndola. Por ejemplo, alguien estancado en la frustración durante cuarenta años de su vida evidentemente pertenece al campo mórfico de la frustración, por lo que, sin darse cuenta, tomará todas las decisiones necesarias para seguir en esa resonancia.

Comunidad de destino

Gracias a estos fenómenos de resonancia, nuestra vida y nuestras decisiones interfieren en multitud de gente, de la misma manera que estamos influenciados por otros tantos. Sin saberlo, pertenecemos todos a una gran comunidad de destino en la que interactuamos sin cesar.

Para entenderlo, observemos a una mujer, primogénita y casada, que trabaja en una empresa y pertenece a un grupo cultural.

En primer lugar, esta mujer está estrechamente vinculada a todo su sistema familiar: padres, tíos, abuelos, bisabuelos, etc., más todos los antepasados que murieron sin descendencia. Además, está también en comunidad de destino estrecha con su marido, a través de quien sus vinculaciones se extienden mucho más allá, en el espacio y en el tiempo, de lo que ella conoce.

Por añadidura, ella puede estar intrincada con el primer amor de su padre o de su madre, intrincación muy frecuente en los primogénitos. Es decir, vive las emociones de esa primera relación, su amor frustrado y la herencia sistémica que les hizo enamorarse de otra persona no correspondida. A causa de esta anterior relación de uno de sus padres, nuestra mujer tiene endosada inconscientemente toda una carga sistémica totalmente desconocida, que la va a relacionar energética e inconscientemente de nuevo con otros sistemas familiares y multitud de seres humanos.

En esa empresa donde trabaja, esta mujer está igualmente en interacción profunda, aunque inconsciente, con los demás empleados. En el grupo cultural ocurre otro tanto. Esta interacción significa que todo lo que tenga en común con algunos de ellos se va a intensificar, si están en fase, o, si no lo están, van a vivir una pérdida de energía. En esa interacción inconsciente con las otras personas, va a resonar con el presente y con el pasado comunes. Es decir, va a empezar a vibrar con una cantidad incalculable de hechos, personas y sistemas.

Encontraremos las señales de esas interacciones múltiples en diversas incidencias, como el acoso; la atracción; los enfrentamientos; la sintonía; el deseo y el rechazo; comportamientos o fracasos repetitivos de todo tipo, inexplicables desde la situación

sistémica familiar de la persona...; pero en los que la constelación nos revela la presencia de factores interdependientes aje-
nos a su propio sistema familiar.

¿Cómo se falta a la pertenencia? ¿Cómo se excluye?

De vez en cuando, dejamos de respetar a los que son diferentes. Empezamos a criticar y enjuiciar.

¿Qué nos ha ocurrido? Nos hemos salido del Estado
Adulto y nos hemos dejado arrastrar, por la razón que sea
(siempre muy buena, desde nuestro punto de vista: «Estoy en
mi derecho», «Lo está buscando», «Es mi deber», etc.), por el
Estado Padre, desprovisto de amor, que obedece a los patrones familiares de la infancia: los que no siguen tal y cual valor
son menos; los que no hablan o no piensan como nosotros no son
interesantes; los que hacen o dicen tal o cual cosa son peli-
grosos, etc.

Hemos dejado de pertenecer a la gran familia humana, nos
hemos encerrado en una visión sectaria de los demás. Nosotros y los nuestros somos los buenos, los mejores. Un antiguo
recuerdo de la época primitiva de la humanidad se ha desper-
tado, cuando la existencia de estos otros ponía en peligro la
supervivencia del grupo. Hoy se activa de nuevo dicho recuerdo, poniendo en marcha el filtro límbico, tan primitivo como
fundamental para la supervivencia, con su información bina-
ria de *peligro* o *seguridad*. A partir de esta información, estaremos dispuestos visceral e inconscientemente a acoger o eliminar
a estos «otros».

Además, realmente estamos pensando: «Si no existieran estos otros, sería mucho mejor para todos». Es posible que este-

mos defendiendo la biodiversidad para la fauna y la flora, pero, en lo que a las personas se refiere, cuanta menos diversidad, mejor.

Acabamos de poner en marcha la fuerza del «orden de la pertenencia». El que elimina, desprecia o excluye se alza contra el Todo, contra su propia existencia. Entonces, utilizando la metáfora de Bruce Lipton, el Todo reacciona a esta «enfermedad autoinmune» de autoagresión con una serie de procesos, como fracasos, accidentes o enfermedades, que señalan al excluyente que se ha alejado de la vida —la cual es pertenencia de todos a todo por igual— hasta que él o un descendiente vuelvan al yo adulto, humilde y respetuoso con todos de la misma manera.

La pertenencia arcaica

En la memoria ordenada inherente del campo morfogenético se conserva el recuerdo de todo y de todos con la misma intensidad, y el sistema familiar vela por la integridad del clan impidiendo cualquier intento de exclusión u olvido: en cuanto alguien es rechazado, un mecanismo ciego designa a un ser más joven para representar al rechazado, para que sea visto y reintegrado.

Estamos en interacción con todos. Los campos mórficos extienden nuestra resonancia al mundo entero. Grupos de pertenencia de todo tipo actúan sobre la pertenencia arcaica que se manifiesta a través de la buena conciencia o conciencia individual. Esta buena conciencia o conciencia moral es el recuerdo de nuestra infancia, de nuestra primera entrega generosa a un colectivo. Con nuestro amor incondicional y nuestro pensamiento mágico decidimos adorar a nuestra tribu y sacrificarnos, si hiciera falta, para asegurar su supervivencia y crecimiento. Nos enseñaron a valorar únicamente la pertenencia al clan más inmediato y a descalificar el resto de sistemas.

El cemento inconsciente del clan es la mala conciencia que se activa cada vez que hacemos algo que nos aleja un poco de alguien o de un grupo con el cual descansaba nuestra seguridad; cada vez que ponemos en riesgo nuestra seguridad, nuestra pertenencia.

La pertenencia adulta es la pertenencia a todos los campos, a la totalidad. Asume todo lo que hay, todo lo hecho, asiente a todo tal como es.

La primera gran necesidad humana, la que asegura la supervivencia del clan y, por ende, de la especie, es la necesidad de pertenencia y seguridad. El movimiento genuino, que impulsa toda nuestra vida y que se esconde detrás de todos los demás sentimientos, es la búsqueda de seguridad. Identificamos seguridad con amor. En la seguridad encontramos el amor. El corolario del amor es el miedo a ser rechazado, a no pertenecer. El amor garantiza nuestra pertenencia. La pertenencia a todo nos lleva al amor mayor, al amor como metaemoción y como actitud de vida: asentir a todo tal como es.

Las fidelidades que nos unen a algunos de nuestros ancestros nos atan a ellos, en respuesta a su mandato inconsciente: «Tú, como nosotros, si quieres pertenecer». Estos mandatos son los que nos van a lanzar en contra de todos los demás. Son difíciles de detectar, pues se apoyan en una enorme fuerza interna. De un modo difuso, sentimos que estamos respondiendo a una necesidad extrema colectiva e individual. El recuerdo del miedo de miles de generaciones está impulsándonos. La memoria de los momentos en los que fuimos reconocidos, en la infancia, por adoptar uno de los valores de los adultos nos impulsa a repetirnos, en pos de un nuevo hito de reconocimiento. Y, con toda nuestra buena conciencia, juzgamos, criticamos o despreciamos a otros grupos.

Esas fidelidades desarrollan en nosotros la Conciencia Moral. Esa conciencia moral es el enemigo del amor grande, es la semilla de todas las guerras.

Ahora entendemos que esas adhesiones y rechazos son fruto de un amor pequeño, arcaico y ciego, el amor infantil del niño que fuimos.

Una vez adultos, volvemos a vivir la pertenencia en grupos estrechos, en los que, con facilidad, abandonamos el Estado Adulto y nos complacemos en un Estado Niño o Padre, con complicidad o seducción entre todos, y sobre todo con una buena conciencia extraordinariamente feliz y expandida.

En un grupo de actividades, de meditación, de compromiso político o religioso, uno siente confort, seguridad, comprensión, identidad. Siente la responsabilidad de su pertenencia y está dispuesto a sacrificarse o pelear para defender la existencia de ese grupo.

Uno entrega su autonomía en pos de la supervivencia del grupo; incluso se convence de que no debe plantearse otra cosa, porque sería una traición. De hecho, cuando alguien sale del grupo, los demás se vuelven inquietos y desprecian a ese individuo. Inquietos ¿por qué? Porque toca algo suyo, bien reprimido, su miedo a la autonomía; el que se ha atrevido a salir da miedo o envidia.

El fenómeno que nos atrapa en esos grupos es doble, como veremos ahora. Dos dinámicas colectivas, de compensación y de imitación, se suman a las dinámicas individuales que las constelaciones detectan. Estamos empezando a reconocer los fenómenos de sistémica colectiva en las constelaciones[8], cuya influencia sobre nuestras vidas es innegable.

La resonancia del campo de pertenencia

Volvamos ahora al hecho de pertenecer a un grupo. Una vez que uno pertenece, lo que le impide salir del grupo es el sentimiento de culpa. Más que de grupos, podemos hablar de campos de pertenencia, campos energéticos de pertenencia, cuya resonancia atrapa nuestra energía adulta de autonomía hasta anularla.

Durante la infancia de la humanidad, el ser humano solo podía sobrevivir dentro de su tribu. Fuera de ella, la independencia era impensable por ser demasiado peligrosa. Simultáneamente, la tribu misma necesitaba de todos sus individuos para sobrevivir, reproducirse, alimentarse y protegerse del exterior. En cuanto uno nacía, tenía su lugar y su rol en su tribu para siempre y era impensable desear otro papel. Los roles, las interacciones y todos los momentos de la vida eran definidos y transmitidos, en forma de rituales, de generación en generación. La cohesión del clan se realizaba sobre la base del miedo y de la culpabilidad. La seguridad, en medio de tanta inseguridad y precariedad, estaba garantizada gracias a la repetición ciega de los patrones aprendidos. El peor castigo era que le echaran a uno del clan.

Démonos cuenta de que, en la tribu, uno dice a los demás lo que tienen que hacer para que la tribu se mantenga con

---

[8] Por ejemplo, pagar por una culpa colectiva, que se manifiesta por movimientos circulares del representante.

vida. El que dicta a los demás lo que tienen que hacer está en su Estado Padre; los que se someten, en su Estado Niño. De esta estructura dependen tanto la supervivencia de la tribu —por lo tanto, de lo colectivo— como la pertenencia de cada individuo. En efecto, si uno pone en peligro la seguridad de la tribu por su deseo de rebeldía o de autonomía, la tribu lo eliminará. Era peligroso crecer hasta la adultez, y para el clan era peligroso tener un individuo Adulto en su seno, porque ponía en entredicho la estabilidad de la estructura del clan, de su repetición indefinida y, por tanto, del propio clan.

En esas condiciones ambientales, la naturaleza creó en nosotros una reacción hormonal para facilitar el mantenimiento del clan: cada vez que uno quería ser distinto del rol asignado o independizarse, le nacía un malestar muy desagradable que solo desaparecía con la vuelta al redil. Ese malestar era la mala conciencia o sentimiento de culpa. Existió durante tantos miles de años que aún hoy sigue vigente, avisándonos de nuestros deseos de emancipación de un grupo, pareja o colectivo y, sobre todo, de los momentos en los que ponemos en riesgo nuestra seguridad.

En la historia de la humanidad, la posibilidad de autonomizarse es muy reciente, se remonta como máximo al Renacimiento —hace poco más de quinientos años—, y la vigencia de la mala conciencia, cada vez que nos alejamos de algo o alguien que nos dio seguridad, es total. Sin embargo, podemos observar que la dirección de la evolución va hacia la individuación de las personas, y podemos observarlo en las mismas constelaciones en las que el movimiento de sanación es siempre un movimiento hacia la autonomía, la conciencia y la creatividad: la superación de la vida tribal, inconsciente y repetitiva.

Todo el dinamismo de nuestra vida nos lleva a salir del clan de nuestra infancia para abrirnos a grupos, hábitos y valores diferentes, hasta poder valorar a todos por igual. Nos vemos en un proceso continuo de apertura, hasta poder sentir que pertenecemos a todo, que somos iguales que todos, que somos uno con el campo fuente, con la presencia. Sin embargo, a menudo nos sentimos paralizados por la culpa al ver lo diferente que nos hemos vuelto de tal o cual grupo o de tal o cual persona con la que habíamos compartido una gran intimidad.

La resonancia de la pertenencia pasada nos ata, aunque ya hayamos cambiado. Podríamos realizarnos más, todo está dispuesto si no fuera por el sentimiento de culpa que nos aprisiona en algo que ya no existe. Nos paraliza el miedo de ser juzgados por nuestros antiguos compañeros. De hecho, la reacción del campo de pertenencia llega hasta la eliminación del que sigue su propio criterio.

La influencia «conservadora» de los campos a los que hemos pertenecido es innegable en nuestra evolución. La resonancia con esos campos, a veces constituidos de una sola persona, provoca en nosotros la mala conciencia de haber progresado, creando ese dilema: si vuelvo a ser como antes, si vuelvo a pertenecer como antes, se me irá la mala conciencia; ¿renuncio o no a mi vida personal y autónoma?

El campo de pertenencia define, por una parte, cómo hemos de vivir: en un yo infantil de sumisión y repetición, roles hinchados por la resonancia de sus campos mórficos (por lo que pocos tienen la conciencia suficiente como para dejar de repetirlos), con la amenaza de ser expulsados si contravenimos esa organización. Y, por otra parte, define con quién nos hemos de relacionar si queremos sentir buena conciencia.

La resonancia une a todos los miembros del clan, de modo que, si alguien quiere ser distinto de lo que pide la tradición (del grupo de amigos o de la empresa), los miembros van a sentir inconsciente e instintivamente la necesidad de expulsar, o incluso de eliminar, al díscolo, aunque este esté aportando algo creativo a la estructura. Y si estos mismos miembros se encuentran frente a alguien que ha decidido irse del grupo, le van a retirar toda su estima, se van a enfadar con él, sintiendo su partida como una traición o una ingratitud.

Sin embargo, si esta persona tiene la fortaleza de reconocer todo lo vivido y compartido con ese grupo, si le agradece lo importante que fue para ella, y que la misma aportación del grupo es lo que la ha hecho crecer y necesitar algo nuevo, entonces el grupo se alegrará por su marcha y la felicitará por su autonomía.

La dificultad para llegar a esa autonomía viene del hecho de que las actitudes de dependencia se apoyan en campos mucho más amplios que los de las actitudes de autonomía. Las actitudes vividas en la tribu fueron respaldadas por los miles de personas que vivieron o viven actualmente de esta manera, todas cada vez más atrapadas en su no adultez, cada vez con menos fuerza para darse cuenta y volver a su autonomía. El Estado Padre está atrapado en el campo mórfico de los Estados Padre. El Estado Niño, en el campo mórfico de los Estados Niño. *Atrapado* significa aquí poseído por la vibración del campo mórfico, vibración cada vez más poderosa, que exige cada vez más imitación y aniquila cada vez más la fuerza individual de la persona y su adultez.

Individuación y autonomía también significan pertenencia, pero pertenencia al sistema mayor. Implican respeto y agradecimiento a los sistemas o campos concretos a los que uno pertenece, con la decisión consciente de permanecer en el Adulto, el presente y la creatividad.

El campo de pertenencia como útero

Este fenómeno es aún más complejo. Cabe recordar que hay dos niveles que actúan continuamente de forma simultánea y que nuestra decisión adulta consciente puede modificar el nivel más profundo. Este es el de las dinámicas sistémicas inconscientes, que son dos: una de imitación —«Yo, como tú» o «Tú, como yo»— y otra de compensación —«Tú, por mí» o «Yo, por ti»—. A ese nivel profundo estamos predeterminados por los sistemas familiares de nuestros padres y por todos los demás vínculos que nos hayan tocado en el reparto de las imitaciones y compensaciones.

En ese nivel profundo, dentro de un campo de pertenencia, inconscientemente nos sentimos cómodos y reconocidos, como en una gran matriz. El campo de pertenencia actúa como una gran madre arcaica, un gran útero acogedor, en el que la seguridad está garantizada. La persona le entrega su capacidad de juicio autónomo y vive como un hijo. Está totalmente entregada al yo dependiente.

Es difícil resistirse a la presión de un grupo y permanecer en el Adulto; exige un nivel alto de consciencia y una autodisciplina constante para no dejarse arrastrar por lo espontáneo e instintivo. Uno cree que es dueño de sus actos, pero, cuando sale de uno de esos grupos, se pregunta cómo pudo llegar a decir, sentir o hacer lo que dijo, sintió o hizo.

En un nivel más superficial, el nivel social, de lo que se ve y de lo que uno es consciente, la persona está en su Estado

Padre, la otra faceta del yo dependiente, viviendo un rol establecido, defendiendo creencias comunes al grupo y afirmando que las únicas maneras correctas de pensar, sentir o actuar son las suyas.

Campo de pertenencia y polaridad

Además de la atracción, de la seducción o de la depredación realizada por el campo energético de pertenencia, que también podemos llamar «campo mórfico de pertenencia», observaremos cómo actúa otro fenómeno energético, el del equilibrio entre dar y recibir. Cada vez que dramatizamos algo, que damos a algo más energía de la que necesita de forma natural, producimos la polaridad opuesta y el inicio de una lucha entre polaridades para que esta desencadene una entropía que vaya eliminando el exceso de energía, eliminando o transformando los dos polos a través de su lucha. La naturaleza busca permanentemente el menor gasto de energía y el universo funciona gracias a un equilibrio de toda la energía. Cualquier exceso necesariamente producirá una reacción opuesta para que desaparezca con la aniquilación mutua de los opuestos.

O bien, en un acto consciente y adulto, la persona ve con amor la polaridad «negativa», desdramatiza su actitud, vuelve al adulto y al respeto a todos por igual. En ese momento, los polos se fusionan y dan lugar a un salto cuántico: algo nuevo al servicio de todos, con mayor fuerza, más amor, mayor comprensión, mejoría del bienestar, etc.

Esto significa que, además de estar atrapado en un campo energético de pertenencia, uno provoca una nueva dualidad, un nuevo enfrentamiento con un campo complementario.

El Adulto hace siempre el menor gasto energético posible: fluye con la vida, está en sintonía con la energía presente, renueva su energía en la acción. Pero el Niño y el Padre gastan un exceso de energía por su dramatización; sin dramatización no podrían mantenerse. El Adulto desdramatiza; el Niño y el Padre dramatizan o desvitalizan. Por ejemplo, para justificar las críticas o los juicios se dramatiza algo, desvitalizando al adversario, quitando importancia al sufrimiento ajeno, negando la realidad de los demás.

En el grupo de pertenencia, a nivel externo, el objetivo que anima mi grupo (partido, empresa, ocio, etc.) va a crear la existencia de un grupo con un objetivo opuesto, y los dos grupos van a entrar en guerra. A nivel interno, mi Estado Niño provoca en mí el despertar del Estado Padre opuesto, y ambos entran en guerra: siento inseguridad, culpa, rabia contra mí mismo, estoy cada vez más lleno de «tengo que, no hay que, tienen que, debo», etc. Mi válvula de escape será el enfrentamiento con el grupo rival. Proyectaré sobre ellos todos mis malestares internos, o bien haciéndoles responsables de mi desazón, o bien viendo en ellos lo que no quiero ver en mí mismo. La agresividad es lo que más culpa nos da y, por lo tanto, lo que menos nos va a costar proyectar; por ejemplo, «No soporto su intransigencia» en vez de «Es como yo».

Entonces, cuando pertenezco a un campo energético, inconscientemente, vivo en un exceso de energía que alimenta la dramatización, exceso que, inmediatamente, va a producir su polaridad. Saldría de la dramatización si sencillamente aceptase darme menos importancia, considerando que soy igual que los otros, o que los otros son iguales que yo.

Hace falta una consciencia muy despierta y un Estado Adulto muy disciplinado para darse cuenta de la resonancia e incluirla, las únicas dos maneras de permanecer autónomo y en el presente; pues nuestra tendencia es no darnos cuenta o rechazar, con la consecuencia de dejarnos arrastrar fuera del presente.

La pertenencia adulta

Somos seres sociales, por lo que es imposible no pertenecer a ningún campo.

Cuando tenemos consciencia de estar en un campo limitante, su limitación se transforma únicamente a través del darse cuenta, del respeto y del agradecimiento. El desafío adulto será el ser capaces de participar de los campos sin perder la autonomía y la capacidad de decisión libre, con el agradecimiento constante y consciente de lo que nos ofrece el campo.

La pertenencia adulta es el resultado de un gran proceso de purificación: renuncia a las fidelidades, renuncia al pasado, renuncia a sentirse mejor que otros; aceptación del momento presente tal como es, aceptación de como soy y aceptación de todos los demás exactamente como son.

La mala conciencia va a ser el fenómeno que nos permita acceder a la pertenencia grande. Su presencia nos avisa de que estamos soltando una dependencia, y será interesante darnos cuenta de lo que estamos soltando. Muchas veces ni siquiera se trata de algo del presente, sino de una emoción mal cerrada del pasado que se ha asomado por la similitud de las situaciones. Entonces, desde nuestro adulto, respiramos, centrados, y observando esta sensación de mala conciencia o ese malestar corporal permitimos ahora que termine su recorrido. Al cabo de unos minutos, la sensación habrá ido desplazándose hasta desaparecer, dando lugar a unas respiraciones profundas y un en-sanchamiento de la consciencia.

Experimentaremos en ese momento más paz, más alegría y otra visión del momento; pertenencia presente, pertenencia al instante presente en toda su plenitud, pertenencia a la vibra-ción que anima todo a cada instante. Experimentaremos que somos uno con todo, uno con todos, uno con cada uno.

La pertenencia abierta nos abre el corazón para con todos y todo, hasta más allá de los límites de nuestro conocimiento. Esa pertenencia es aceptación, amor y entrega. La pertenencia purificada, la pertenencia a todo, es amor grande, es el amor mayor. Ve a todos por igual, no solo a los de su sistema familiar. Los ve y los respeta como son. Ve a cada uno con su carga y sus fidelidades. Ve a cada uno como una parcela del Uno, cada uno a su modo al servicio de la no dualidad. Honra a cada uno y le agradece ser como es. Incluye a todos.

Se rinde a lo que no alcanza ver ni entender. Capta que otras grandes fuerzas actúan.

Sabe que, al incluirlo todo, el pasado y lo que llegue tam-bién, entra en una «metapertenencia». Reconoce que forma parte de la Inmensidad, que esta lo habita y lo guía, aunque él sigue decidiendo si se deja guiar o no.

Cuando el yo adulto se entrega a esta presencia inefable, ya no decide: fluye.

La fuerza del equilibrio entre dar y recibir o fuerza de compensación

Esta fuerza del amor nos dice que todo necesita ser agrade-cido y que todo movimiento es un agradecimiento. El amor lo equilibra todo, o lo compensa todo, continuamente, tanto a nivel individual como colectivo. Una fuerza inexorable empuja todo y a todos a compensar lo que se vive, de tal modo que nada tenga más energía que lo demás y que todo esté continuamente en movimiento.

Dar es agradecer, es devolver. Dar crea el instinto de devolver en el que recibe, por lo que dar es también recibir.

En efecto, toda existencia viene dada por otros. La primera situación de todo ser vivo es la de estar en deuda para con los anteriores, en deuda por el espacio que le hicieron, por la vida que le dieron y por la ayuda que le fueron prestando, hasta que se viera capacitado para valerse por sí mismo. En efecto, en cuanto puede, instintivamente, el ser humano quiere actuar y prestar él también un servicio a la comunidad. Necesita devolver su deuda de esta forma. Es lo que llamamos «dar». Uno se realiza dando de múltiples formas: ayudando, creando familia, especializándose a través de su experiencia y ofreciendo el servicio que su vida le permite. Y constatamos cómo el dar produce la mayor alegría y satisfacción: uno se siente más ligero y más amplio, porque, cada vez que da, sin saberlo, va devolviendo la deuda existencial que le permite estar vivo.

Dar desequilibra la relación de modo que el que recibe necesita devolver para recuperar su dignidad, lo que significa que todo dar es un movimiento que modifica la situación y provoca la necesidad de un movimiento posterior de compensación. Dar provoca movimientos y cambios. La compensación de toda polaridad es automática, por lo que dar, además de provocar cambios, impulsa el recibir.

La estructura ondulatoria de la energía

El ser humano es energía. Como tal, su motor y su estructura son la alternancia de fases positivas y negativas, ya que la compensación de una fase con otra es la que crea el *quantum* de energía[9]. Toda partícula se apoya en su antipartícula. Todo lo que existe tiene o crea su opuesto. Todo electrón —energía negativa— baila con un positrón —energía positiva—. Podemos llamar a esas fases dar y recibir, ganancias y pérdidas, o simplemente el vals de las polaridades.

Todo el universo está construido sobre la compensación o equilibrio de dos polos contrarios que al fusionarse generan energía. Todo lo que existe es dual y se mueve hacia la no dualidad. Si no hay polaridad, no hay posibilidad de crear nueva energía.

En nuestras vidas ocurre lo mismo: llegamos al amor, al cambio y a la plenitud cada vez que logramos compensar dos polaridades o reconciliar dos opuestos. La fusión de dos polaridades nos permite saltar a un nivel de desarrollo superior, donde ya no existen estas dos polaridades. Estamos en una nueva frecuencia, en la que viviremos una nueva sucesión de polaridades que nos permitirá seguir creciendo.

En todo sistema vivo los desequilibrios producen una regulación automática proporcional al desequilibrio, de modo que toda la energía del sistema global siga dirigida al servicio de su meta en vez de estar retenida para contener el desequilibrio.

A esta regulación automática la llamaremos «compensación».

---

[9] Véase DEMARTINI, Dr. John, *La experiencia descubrimiento. Un nuevo y revolucionario método para la transformación personal*, Urano, 2002.

Este movimiento para equilibrar o reconciliar opuestos y transformarlos en algo nuevo es la fuente de la energía; sin él no hay fuerza y ni creatividad. El ser humano tiene «energía» cuando fusiona en su interior su parte masculina con su parte femenina, cuando se reconcilia con su contrincante, cuando toma con amor todas las dificultades; los sistemas sociales disfrutan de la mayor energía cuando integran sus opuestos; etc.

Y ¿qué significa *energía* en nuestras vidas?

Significa presente, fuerza, amor, nuevas comprensiones, cambio cualitativo y creatividad.

La necesidad de equilibrio o compensación es una fuerza todopoderosa, sin la cual no podríamos existir. Está activa en todos los sistemas, en todo el universo —desde el sistema más microscópico hasta el más gigantesco—, y se manifiesta a través del tiempo. Una memoria informa permanentemente de los desequilibrios ocurridos incluso varias generaciones o siglos antes.

La fuerza de compensación se muestra a nivel energético como la compensación entre polaridades que busca reducir el gasto energético de todo lo que se está moviendo, llevando todo hacia la armonía, ya se llame simetría, homeostasis, armonía, coherencia o energía de punto cero. Lo hace moviendo los individuos o los sistemas hacia el amor.

Nos damos cuenta de que la vida es el resultado de un movimiento dual en busca de la unidad, de polaridades en busca de la fusión. Estas polaridades luchan entre sí y crecen, aumentando el desgaste energético, hasta la destrucción, o bien se fusionan, se anulan o se reconcilian y dan lugar a algo nuevo, de un nivel de desarrollo mayor.

La fuerza de compensación es también la herramienta de reparación de todas las intrincaciones y transgresiones de cualquiera de las cuatro fuerzas del amor. Todo rechazo, desprecio, exclusión, miedo, culpa, ira o pesar son rechazo al amor. Provocarán inmediatamente la puesta en marcha de movimientos especiales dedicados a la reducción del desequilibrio y al restablecimiento del amor, es decir, a la puesta en marcha de la fuerza de compensación.

Compensación arcaica y compensación adulta

Es necesario distinguir entre la compensación arcaica, que solo aumenta el sufrimiento, y la compensación adulta, que reconcilia los opuestos llevándonos a la unificación y a un salto cuántico.

La compensación arcaica se basa en la dinámica «Yo, por ti» que aparecerá cada vez que alguien o un grupo se hayan opuesto a una de las cuatro fuerzas. Es decir, alguien se habrá dado más o menos importancia que a los demás, habrá dramatizado algo para justificar no encontrar una solución. Habrá creado un exceso de energía que inmediatamente va a producir una energía contraria.

La fuerza de compensación que equilibra las polaridades para unificarlas se ve entonces dirigida por la buena conciencia, repitiendo y agravando los dramas y tragedias del pasado, creando nuevos sufrimientos.

La dinámica de la fuerza de compensación depende de la decisión personal del individuo. Si decide asumir lo que vive sin oponerse, sino incluyendo a los demás, sin importar la moral establecida, la fuerza de compensación provocará un salto cualitativo en su vida y, por resonancia, en su sistema. Si, por el contrario, la persona quiere seguir en la misma polaridad, impulsada por una fidelidad infantil a la buena conciencia —es decir, a la moral de la tribu—, seguirá en la lucha contra la polaridad opuesta y la compensación hacia la unificación tendrá que seguir un desvío, respetando el deseo de la persona, que pasará por la creación o aumento de la polaridad opuesta, hasta que el resultado del enfrentamiento entre las dos sea cero, es decir, hasta la aniquilación de una de las dos polaridades o de ambas a la vez.

En sistémica, únicamente existen dos dinámicas: «Yo, por ti» y «Yo, como tú».

«Yo, por ti» es el resultado de la fuerza de la compensación arcaica, es una fuerza que nos domina y que orienta lo principal de nuestras vidas sin que tengamos conciencia de ello. La transformación de esta fuerza en algo positivo para nosotros vendrá de nuestra rendición a ella, con respeto y amor por estos ancestros por quienes estamos pagando. Las frases liberadoras suelen ser entonces de este estilo: «Veo vuestro dolor, o vuestro miedo». «Vosotros, por vosotros; yo, por mí». «Ya está todo pagado».

«Yo, como tú» es la consecuencia de una resonancia, no de una fuerza; la resonancia de un campo de pertenencia o de un campo mórfico. Es, por lo tanto, el lastre de la fidelidad arcaica a todo campo de pertenencia, y uno de ellos es el sistema familiar.

La compensación adulta es la decisión, individual o colectiva, de reconciliarnos con los opuestos, de fusionar las polaridades, de unificar lo dual, lo separado, porque en esta unificación o reconciliación ya estamos de nuevo viviendo la sintonía con la vida tal como es.

La ley de la compensación sanadora también es consecuencia de la decisión de reconciliación. En cuanto uno suelta una resistencia al amor, el vacío cuántico lo equilibra con un regalo de amor, con un cambio para mejor: su vida va a recibir algo nuevo, una nueva probabilidad se va a materializar.

La lucha entre polaridades

Todo es energía, que recibe y transmite información a través de las frecuencias emitidas. Todo está siempre informado de todo gracias al fenómeno de la resonancia.

Para la resonancia no existe el tiempo ni el espacio, solo existe el efecto acumulativo o de aniquilamiento: o se suma o se resta. La resonancia no es fuerza ni energía, sino luz e información; o las dos fuentes de energía están en fase, de forma que sus frecuencias se suman y la más alta atrae a la más baja, es decir, esta imita instintivamente a aquella —es lo que solemos denominar instinto, inconsciente individual o colectivo, lo hereditario, lo genético—; o bien no están en fase, sino en discordancia, de forma que sus frecuencias se anulan, se quitan mutuamente la fuerza.

Una frecuencia común une a todos los elementos de un mismo campo morfogenético o mórfico. La resonancia atraerá a nuevos individuos hacia estos campos. Cuantos más individuos pertenecen a ese campo, mayor es esa resonancia para captar a más adeptos.

Podemos alcanzar la armonía de un modo provisional, entrando en la polaridad con la que nos sentimos afines; es decir, con el campo que tiene la misma vibración que nosotros, o hacia la que tenemos fidelidad. Si ese campo es uno de cualquier actitud adulta (emoción primaria, acción, estar presente), bienvenido sea: nos llevará lejos. Pero si ese campo es el de una actitud no adulta, inmediatamente empezaremos a alejarnos de la realidad presente, reproduciendo algo del pasado, viviendo una regresión en nuestro desarrollo al defender algo inactual y parcial. Y esta actitud inmediatamente creará la polaridad opuesta, como todos los seres humanos experimentamos cuando éramos jóvenes, polaridad a la que todos hemos echado la culpa de no conseguir el éxito soñado.

Entonces, nuestra meta era defender la polaridad en la que pusimos nuestras esperanzas de un futuro feliz, luchando por ella, hasta que la polaridad opuesta nos arrebató lo conseguido por la simple ley del equilibrio o compensación.

Esta se podrá producir en nuestra vida o en la vida de nuestros descendientes. Para la fuerza de compensación, la vida individual no es la unidad. Mientras el individuo no respete el destino colectivo y se haga enteramente cargo de su destino individual, la vida no tomará al individuo como unidad de medida. Los fenómenos se medirán a lo largo de un mismo sistema o campo, el sistema será la unidad, no el individuo.

Cuando el individuo deja de estar identificado con lo colectivo, diciendo «Ustedes, por ustedes y yo, por mí», deja su pequeño yo, como lo llama el Dr. Hawkins, y asume sus decisiones y emociones propias. La fuerza de compensación le hará ver entonces únicamente la consecuencia de sus propios actos, no la de sus ancestros.

Lo que mueve estas fuerzas es la necesidad de equilibrar, o compensar, los desequilibrios que se producen. Estas compensaciones hacen que la vida cambie, que la apariencia cambie, que podamos tener nuevas comprensiones y más posibilidades de crecimiento y evolución. Pero *cambio* no es sinónimo de *progreso*. El cambio abre la posibilidad, pero es el individuo el que tomará conciencia y decidirá unificarse, renunciando a su polaridad y cambiando de paradigma. Entonces se creará un nuevo campo mórfico que quizá llegue a modificar los hábitos. Mientras tanto, todo seguirá movido por los mismos enfrentamientos de poder, las polaridades seguirán disparándose, como lo vemos en la historia de los países, en la lucha entre partidos, sexos, etc.

Continuamente, la vida nos va presentando diferentes situaciones, la mayoría de ellas imprevistas por nosotros e incluso impensables u opuestas a lo que estábamos soñando. En esos momentos, tenemos dos actitudes posibles: aceptar que la vida es así, que somos como somos, que los demás son como son y que lo que me toca es aquello, así que he de actuar con esto; o rechazar lo que no cuadra con mi proyecto de vida, enjuiciar, criticar, indignarme o luchar para que se realice lo que yo pienso o deseo.

Algunos —pocos— consiguen disfrutar de lo que deseaban. Pero el precio que hay que pagar es el siguiente: todo es dual, lo que se obtenga forzando el destino traerá necesariamente consigo su polaridad, o en el momento o después.

Por el contrario, cuando uno se ha rendido a su destino y se alinea con la meta que ese destino le muestra, uno tiene nuevos deseos que se realizarán incluyendo también una polaridad, pero la persona no vivirá esta nueva limitación como un sufrimiento o un fracaso, sino que sentirá que esa polaridad formaba parte y fue un motor para profundizar más en su meta.

La compensación arcaica nos lleva a rechazar la vida tal como es, a enjuiciar, a criticar y a indignarnos.

Como ya sabemos gracias al Análisis Transaccional, estas reacciones de rechazo a todos y todo, en las que nos dejamos llevar solo por el deseo individual, nos mantienen fuera del momento presente, sin fuerza adulta y, por tanto, incapaces de actuar de forma eficaz sobre nuestro entorno. Estar en lucha con la vida es pensar lo siguiente: «El mundo está mal y yo lo puedo mejorar», «Yo estoy mal hecho y debo cambiar», «Tienes que cambiar», «Todos deberíamos pensar lo mismo (es decir, como yo)», «Hay que luchar (es decir, eliminar el amor)», etc.

La persona está en la ilusión del pensamiento mágico del niño que cree ser todopoderoso, creyéndose más fuerte que su futuro y su destino.

Criticar justifica que no actuemos o no arriesguemos. El que actúa comete necesariamente errores, porque estos errores le permitirán actuar cada vez mejor. El que actúa crece con las críticas, pues estas le abren los ojos sobre aspectos que había descuidado, y su acción mejora. El que critica tiene miedo a ser criticado, a no ser perfecto, por lo que no se atreve a actuar, porque todo el que actúa arriesga y comete errores.

Por la fuerza de compensación, la que les agradece el servicio que han prestado a los que actúan, los críticos reciben la fuerza de honrar a los que criticaron y transformarse ellos también en personas de acción. Pero, para ello, el crítico tiene que renunciar a su orgullo y arriesgarse a cometer errores y ser criticado él también.

Indignarse significa culpar a otros, hacer creer que estos otros son peores que nosotros, en vez de darnos cuenta de que, si algo nos duele, es precisamente porque ese algo nos está hablando de nosotros mismos.

Opinar, defender algo, querer cambiar algo, son maneras de tomar partido por una polaridad contra otra.

Cada vez que uno opta por tomar partido, se puede observar lo siguiente:

— a nivel individual, ha perdido el Estado Adulto y ha entrado en el Perseguidor o el Salvador y se justifica gracias a su sentimiento de Víctima;

— a nivel sistémico y energético, cuando uno decide luchar o indignarse, elige de forma simultánea y consciente un «bando» al que pertenecer (aunque a menudo sea más claro el bando contra quien quiere luchar), es decir, una identidad, un campo de pertenencia (por ejemplo: «Soy de los del…»); y también se adhiere inconscientemente al campo de resonancia mórfica (que llamaremos de ahora en adelante «campo mórfico») de todos los que viven y vivieron este mismo comportamiento o pensaron lo mismo (verbigracia: orgullo, rabia, impotencia, etc.). Entrega su fuerza adulta a ese campo y permanece como un niño, dependiente de ese grupo.

Otra manifestación sutil de desequilibrio energético que va a desencadenar un movimiento (doloroso para la persona que lo vive) de corrección de las fuerzas de compensación hasta que desaparezca ese desequilibrio es lo que Vadim Zeland[10] llama «dar o darse importancia» y que nosotros reconocemos como ego o dramatización. Recordemos que lo propio de la vida es tender hacia la armonía, es decir, hacia el menor gasto de energía. Si pongo más energía en algo, ese algo, al final, me va a ser arrebatado, a mí o a mis descendientes, para que la energía gastada vuelva a ser uniforme.

Por ejemplo, si me entusiasmo, el desánimo llegará para equilibrar mis estados de ánimo. Si me impulsa la vanidad, algo o alguien me va a despreciar hasta que deje de gastar ese

---

[10] Véase la bibliografía.

exceso de energía. Si dramatizo una situación, desde el salvador, la víctima o el perseguidor, atraeré lo que temo, entraré cada vez más en confrontación y malestar, hasta que decida soltar aquel drama.

La actitud adulta, unificadora y fuera de polaridad es decir: «Todo está bien como es. No alcanzo a entender muchas cosas, pero confío en la presencia. Renuncio a mis preferencias o rechazos, que me impiden ver la realidad como es. No hay nada ni nadie más importante que otro. No hay un momento más importante que otro. Veo y vivo todo con el mismo amor aun cuando no entiendo».

Es útil poder distinguir *campo de pertenencia* y *campo mórfico*.

Campos de pertenencia

«Si quieres pertenecer, tú, como nosotros».

El campo de pertenencia es un campo energético que permite la existencia de grupos estructurados sobre el modelo de la familia extensa, es decir, sobre el modelo del clan, como partidos, religiones, naciones, grupos ideológicos, espirituales, de amigos, de pasatiempos, etc. Ese campo energético ha permitido la construcción de las civilizaciones, pues permite que las sociedades se edifiquen y se mantengan. En el equilibrio energético producido por estos sistemas, las personas encuentran seguridad, identidad y sentido a su vida a cambio de asumir un lugar y un rol determinados.

El primer campo de pertenencia es el sistema familiar, llamado por Rupert Sheldrake «campo morfogenético».

Cuando uno elige ser miembro de un «campo de pertenencia», aunque sea un campo de opinión, lo hace por fidelidad e imitación; por fidelidad inconsciente a un mayor de su infancia o a un ancestro; por imitación decidida subconscientemente: es decir, con un poco de capacidad introspectiva puede darse cuenta de a quién decidió imitar.

Esa fidelidad e imitación le hacen sentirse muy culpable si se asoma la idea de dejar de pertenecer a «esto»; esta culpabilidad se intenta alejar y encerrar en las mazmorras de la afectividad porque es francamente desagradable. Junto con la culpabilidad, la libertad y la adultez también quedarán cautivas.

Entonces uno elige estar a favor de unos y en contra de otros. A partir de ese momento, en el nivel del desarrollo personal, entra en una compensación arcaica, ya que ha renunciado a su libertad y decisión adulta, y se instala en una actitud regresiva.

Las personas ceden parte de su poder y aceptan la regresión porque el grupo se vive como una nueva familia. La estructura se transforma en un hogar simbólico que toma las decisiones importantes en lugar de uno mismo, como cuando éramos pequeños.

Todos están al servicio de los objetivos del grupo. Su supervivencia se debe a que su estructura es indiscutible, como lo era la familia de origen.

Esos campos estructurados son mucho más que la simple suma de sus miembros: viven de la energía de los que vibran con ellos y a cambio les dan protección y consideración. Cuanta más gente, más fuertes son y más influyen sobre sus miembros y sobre los demás campos. Pierden fuerza al perder adeptos.

La estructura del grupo de pertenencia es la misma que la del clan cuando la persona necesitaba sobre todo seguridad: nadie en ese grupo está en su Estado Adulto. Solo existe autoridad (por poder o seducción) y sumisión. La autonomía y la creatividad no pueden existir.

Los campos de resonancia mórficos y morfogenéticos se basan en el mandato inconsciente «Tú, como nosotros, si quieres pertenecer» y la decisión inconsciente del individuo «Yo, como vosotros».

Lo que mantiene a las personas en esa dependencia, además de la necesidad de seguridad, es el sentimiento de culpa. En primer lugar, si se quieren alejar, deberán poder soportar primero su propia culpa por querer ser distintos de las personas a las que amaban o admiraban. En segundo lugar, deberán afrontar el miedo al rechazo y a la exclusión por parte del grupo, lo que requerirá disponer de una fuerza poco común.

Campos mórficos

«Yo, como vosotros».

Como lo he explicado anteriormente, el campo mórfico es esa vibración de memoria de algo puntual que crea una resonancia de imitación instintiva a todo aquel que se le acerca energéticamente. Una vez que uno ha entrado en esa resonancia no tiene consciencia de ello; inconscientemente, tomará todas las decisiones necesarias para seguir esa memoria.

La presencia de los campos mórficos es un inmenso regalo de algo más grande, pues su función es increíble: permiten que todos los seres puedan integrar una conducta aunque nunca la hayan aprendido, simplemente porque un número suficiente de personas ya la han vivido.

Los campos mórficos de creatividad, de actitud adulta o de autonomía son el mayor regalo que el universo nos podía hacer.

En cuanto a los campos mórficos de actitudes limitantes, hemos aprendido que la única manera de poder «deshacernos» del comportamiento que nos limita es honrándolo y agradeciéndolo. Es decir, cambiando la actitud: en vez de deshaciéndonos de él, transmutándolo, integrándolo como el embrión de algo nuevo, creativo y armonioso; sabiendo que será el acceso a una de las nuevas probabilidades que nacen y mueren a cada instante en el campo del vacío creador.

Lo inconcluso

Todas nuestras emociones y acciones sirven para transformar dos opuestos en uno y, gracias a esa unión, saltar a algo nuevo. Todo lo que vivimos sigue un ciclo que permite transformar lo dual en unicidad. Las emociones primarias y los actos son las herramientas para, con nuestra conciencia, transmutar la realidad, acercándola paso a paso a la unicidad, al uno.

Voy a dar un ejemplo.

Entre el que da y el que recibe hay separación: uno tiene, el otro no tiene. Si el que da se conecta con el que recibe, espontáneamente le dará el tiempo de agradecer. A partir de ese momento, ya forman una unidad, los dos han dado, los dos han recibido. Y ambos se amplían, crecen y son más humanos y más felices.

Por lo tanto, el que da sin permitir el agradecimiento, o el que recibe sin agradecer, no ha completado esa vivencia que lleva a la unificación; son los descendientes los que habrán de conseguirlo.

Cada experiencia vital tiene un ciclo y solamente a través de las emociones primarias podremos cerrar estos ciclos, es decir, adaptarnos realmente al cambio de situación que se ha presentado después de haberlo vivido completamente para después soltarlo todo y abrirnos a la nueva realidad. El cumplimiento de cada uno de esos ciclos nos permite dar un paso más de crecimiento en nuestra humanidad y adhesión a la vida tal como es.

Así, una vivencia que no se haya vivido hasta el final de su ciclo recaerá sobre los descendientes, bajo la dinámica del «Tú, por mí». Estos descendientes se cruzarán una y otra vez con esta vivencia sin concluir, hasta que alguien termine su ciclo. A partir de ese momento, esa misma vivencia será fuente de fuerza para los que resuenen con ella.

Es decir, los actos inconclusos crean una fuerza de compensación entre los descendientes hasta que se viva completamente la sucesión de polaridades y se llegue a la fusión final, la cual origina siempre un salto cuántico, un salto cualitativo en la vida de la persona y de su sistema.

Equilibrio entre dar y recibir amor

El hecho de dar o tomar de otra persona crea un desequilibrio que mantiene viva la relación hasta que el otro lo haya compensado. Este desequilibrio es el tejido, la trama de todas las relaciones sociales: amor, trabajo, guerra…

Si fuéramos perfectos, seríamos autosuficientes y no necesitaríamos dar ni recibir, no necesitaríamos entablar ninguna relación con los demás.

La persona que da se siente superior, inocente, libre —ya no debe nada a nadie—, y adquiere el derecho de exigir su compensación.

La persona que toma o recibe se siente inferior, tiene una mala conciencia difusa, porque debe algo; se siente dependiente de la persona que le ha dado hasta que pueda equilibrar lo recibido, por lo que se siente con la obligación de devolver o compensar.

En la familia, el hijo no puede dejar de recibir de sus padres; de solo puede recibir.

La deuda adquirida entonces es la fuerza que le empujará, de adulto, a dar a su entorno y a sus hijos sin esperar nada a cambio.

Cuando toma con amor y respeto, y sin cuestionárselo, todo lo que ellos son y le ofrecen, el hijo siente plenitud (en oposición a la sensación de vacío del deprimido, por no tomar a uno de sus padres), sabe dar y sabe recibir.

El servicio y la plenitud

Toda la vida nos ayudamos mutuamente, en concreto, intercambiamos servicios y habilidades. Lo hacemos de igual a igual, no hay uno que valga más por lo que sepa o pueda ofrecer. Cada uno se ha especializado al servicio del grupo, porque de pequeño necesitó de la ayuda de otros que sabían y podían más que él y, de mayor, necesita devolver ayudando a otros con un don propio. El no tener la oportunidad de desarrollar o ejercer dicho don es la mayor fuente de frustración y desvalorización.

El pequeño humano crece y sobrevive gracias a la ayuda de otros muchos a los que no podrá devolver lo que hicieron por él, por lo que la fuerza de la compensación (del equilibrio entre dar y recibir) le empujará a devolver a otros lo recibido. El ser humano devuelve dando, y, al dar a otros, crea en ellos la necesidad de devolver. El que da recibe, automáticamente. No precisa buscar la compensación, la recibirá. La condición es que respete suficientemente al otro como para permitirle equilibrar lo que reciba[11]. Si uno está en su lugar, asintiendo a todo con gratitud, dará mucho y recibirá mucho a cambio, sin buscarlo. La energía se encarga de compensarle.

El adulto es consciente de que todos nos movemos en colaboración los unos con los otros, todos nos necesitamos.

Al respetar la libertad, las decisiones y el destino de cada cual, uno pone su capacidad a disposición, con su eficacia y sus dones, en el intercambio del dar y recibir. El ser humano necesita servir al colectivo, le va la vida en ello. No elige el tipo de ayuda que va a poder prestar, porque, inicialmente, estará tomado por un movimiento de compensación que puede venir de muy atrás en el sistema familiar. Verbigracia: el gerente de un restaurante que compensa generaciones de ancestros muertos de hambre; el médico que, sin saberlo, compensa la muerte trágica de ancestros desaparecidos tempranamente con un inmenso dolor; etc.

La entrega de la persona al servicio o al trabajo prestado será proporcional a su agradecimiento para con sus padres y la vida.

Todo trabajo es un servicio a los demás. Trabajar conscientemente es amar. Servir es amar. Servir es vivir.

Ese intercambio entre los humanos no es una cuestión de buena voluntad, sino un instinto inconsciente inscrito en la

---

[11] En la pareja suelen existir desequilibrios en el dar y recibir cuya compensación inconsciente y automática no suele ser aceptada, lo que crea tensiones y conflictos: si uno de los dos exige más del otro —porque está enfermo, porque tiene hijos de una pareja anterior, porque no quiere tener hijos—, este, sin darse cuenta, compensará ese desequilibrio. Y si queremos que la pareja siga funcionando, habrá que entender esa compensación y aceptarla.

estructura de las relaciones humanas. Todo lo que existe está sometido a la fuerza del equilibrio entre dar y recibir o, ampliándolo, del equilibrio entre polaridades.

El equilibrio entre dar y recibir, o la integración de la polaridad difícil, provoca el éxito y la plenitud. La compensación de las polaridades crea éxito y las personas involucradas en esta compensación se sienten colmadas, unificadas y felices; una felicidad que nos remite a una conexión con el todo. El equilibrio o compensación de polaridades permite un salto a algo nuevo, en el que esas dos polaridades se desintegran al dar a luz a una transmutación. Cada polaridad estaba al servicio de algo nuevo, de un gesto de amor, de la creación de algo de un nivel superior. Y esa creación solo se realiza cuando permitimos conscientemente que las dos polaridades se fusionen, desapareciendo y naciendo a otra cosa.

Quiere decir que hemos dejado ir nuestro apego a una de estas polaridades, nos hemos rendido ante algo más grande. Esa renuncia es la que desencadena la energía de la compensación. Lo nuevo será proporcional a la grandeza de nuestra entrega, de nuestra renuncia.

La existencia de las dificultades, de las diferencias o de las polaridades se nos muestra, pues, como algo necesario para llegar paso a paso, salto a salto, a más unidad, felicidad y plenitud. Esas polaridades fueron creadas por nuestras reacciones a la herencia recibida por cada uno de nosotros. De niños, solo podemos sacrificarnos al servicio de nuestros mayores. Una vez adultos, tenemos la responsabilidad de transformar la impotencia en asentimiento y agradecimiento a través del servicio consciente, de transformar el destino familiar en una bendición para las generaciones siguientes.

Y el universo nos compensa con la plenitud.

Este es el papel de la fuerza del amor del equilibrio entre dar y recibir.

El buen dar y el buen tomar

El buen dar va compensando el pasado, abre un intercambio activo y beneficioso en el presente y crea una resonancia que predispone a los descendientes a intercambiar con su entorno.

En las relaciones verticales —familia, enseñanza—, la persona da y se sentirá compensada cuando los pequeños a los que da (hijos o alumnos) empiecen a dar a su vez a otros lo recibido.

En las relaciones horizontales, la persona se dará cuenta de que, si da demasiado, se sentirá por encima del otro. Aunque sienta el impulso de dar sin recibir a cambio, sabe que el otro pierde su dignidad si no le permite devolver, por lo que controlará su impulso de dar, de modo que el otro pueda devolver y estar en igualdad con ella.

De hecho, los que solo dan, por el placer de dar, no actúan por generosidad, como les gusta pensar, sino que lo hacen por puro egoísmo, por satisfacción propia y sin mirar al otro. El amor implicaría darse cuenta de las consecuencias de lo que doy.

Uno solo puede dar lo que tiene. Da desde el Adulto al Adulto del otro, le da lo que realmente necesita, y el otro agradece. Si agradece devolviendo lo justo, la relación ya termina ahí. Si quiere mantener la relación, devolverá al otro un poco más de lo que recibió.

El buen intercambio es un ciclo al final del cual los dos individuos o los dos grupos han actuado y crecido: dos adultos se miran y dan algo que el otro necesitaba, un servicio a cambio de una compensación. Ambos se han ayudado y ambos se agradecen mutuamente el intercambio interpersonal profundo que ha lugar a través del intercambio entre el servicio y la compensación. Ahí se crea una relación íntima y profunda, al término de la cual algo común se amplía y ambos se expanden. Cuanto más amor ha habido en lo dado, mayor será lo recibido.

La resonancia creada unirá para siempre a estas dos personas o comunidades. Estarán para siempre en comunidad de destino. Todo lo que haga una resonará en la otra.

Este es el papel profundo de esta fuerza del amor: empujar a las personas o grupos de personas a verse e intercambiar, uniéndose para siempre a través del intercambio, aunque se dé una sola vez.

Ese buen dar necesita que estemos en nuestro lugar, que actuemos desde el adulto, que estemos en sintonía con lo que ocurre, es decir, en el asentimiento, no en la queja ni en la exigencia, y que nos sintamos partícipes, incluyendo e incluidos.

Precisamente podemos observar la existencia de un problema en el dar y tomar cuando aparecen actitudes de soberbia, resentimiento, egoísmo, soledad o enfado. Estas actitudes son consecuencias; no son la causa del malestar de la persona, sino la señal de un desorden que le impide tomar[12], dar o agradecer. Por ejemplo, si uno no está en su lugar, por reemplazar a alguien, no habrá podido tomar a sus padres y no tendrá el instinto de dar ni el de agradecer. Si vivió un trauma que no pudo asimilar, el sentimiento de culpa estará paralizándolo y le impedirá recibir, a fin de no sentirse más culpable todavía. Y la

---

[12] Recibir activamente, sin condiciones.

persona solo tendrá el impulso de dar y dar, sin recibir a cambio, para ir aligerando la culpabilidad que le invade.

La persona que da demasiado, que lo da todo, pone la relación en peligro, porque en su fuero interno quiere que el otro compense transformándose en su madre, haciéndose cargo de todas sus necesidades.

Existe también un dar excesivo y, por tanto, nocivo, sobre todo entre esotéricos, terapeutas, idealistas o vegetarianos. Se sienten superiores a uno de sus progenitores y no toman de él, por lo que no toman de los demás, o toman solo de un modo limitado, a la naturaleza, a la sociedad, etc. Su buena conciencia hace que estén próximos a transformarse en perpetradores «por el bien del otro». Se da en personas que no pudieron tomar, en particular, a su madre, por el motivo sistémico que sea, y que hoy se sienten superiores a ella.

Cuando se da demasiado, el otro no puede corresponder. El donante se siente con derecho a exigirle lo que quiera al otro. No se atreve a ser él mismo, a estar en deuda con el otro ni a ir de igual a igual con él, y entra en un papel parental que le hace vivir en superioridad y soledad.

La persona que recibe más de lo que puede dar se siente en una situación tan degradante y culpabilizadora que acaba explotando, rompiendo la relación que la ata de este modo. Verbigracia: las parejas donde uno es inválido, cuando este no tiene la humildad de agradecer la ayuda del otro.

El que solo recibe no quiere crecer o quiere culpabilizar a sus padres y a los demás, de sus necesidades no cubiertas. Puede llegar a ser un tirano enfadado y solitario. Rechaza lo que sus padres y la vida le dan, y se estanca en el resentimiento y en la queja; en vez de agradecer, exige otra cosa, otras condiciones. Se convierte en perpetrador para impedir que nadie disfrute, ya que él no quiere disfrutar. También se puede transformar en un niño viejo, en un adulto infantil incapaz de ser autónomo. Suele darse en alguien que reemplaza a un niño muerto, que, por ser niño, solamente podía recibir.

Recibimos proporcionalmente al agradecimiento que tenemos hacia todo, en particular, hacia lo más difícil y los más difíciles.

Dar significa también soltar, entregarse, rendirse.

A ese dar, la vida responde con magnanimidad.

Equilibrio entre hacer y recibir daño; asumir venganza y expiación[13]

El perpetrador de un daño y su víctima están ambos al servicio de la vida. Son tomados al servicio de una futura reconciliación que será fuente de la máxima energía para ambos sistemas familiares y todos los demás sistemas implicados, como sociales, religiosos, nacionales, etc.

Para que el daño se pueda trasmutar en amor y fuerza es necesario que ambos, perpetrador y víctima, o sus descendientes, reconozcan la realidad vivida, asumiéndola, y se reconcilien, si no ellos, sí sus descendientes.

En efecto, estarán en paz cuando, en el espacio de la constelación, estén juntos, el perpetrador al lado de la víctima; incluso si la víctima ha muerto, el perpetrador está reconciliado cuando se tumba junto a ella.

---

[13] *Localización corporal:* la zona corporal del daño hecho, de la venganza y de la expiación, es la zona del vientre, de los intestinos. Es el lugar donde se manifiesta un conflicto no resuelto entre víctima y perpetrador. La enfermedad del torturador o de su víctima será la misma.

Todo hecho humano tiene dos niveles: el nivel inconsciente del destino colectivo, al servicio de la reunificación, y el nivel consciente del destino individual, al servicio de la vida.

En el nivel inconsciente, las personas han sido tomadas por el destino, no eligieron ser víctimas ni perpetradoras. Sus actos son el resultado de una serie de compensaciones y fidelidades a campos y ancestros, totalmente inconscientes. Están al servicio del Destino, al servicio de una futura reconciliación, al servicio del mayor amor que pueda existir. No son responsables de sus destinos.

En el nivel consciente, el de la realidad individual, el fenómeno —el daño hecho o sufrido— tomará toda su amplitud y significado únicamente si las personas implicadas los asumen como si hubieran dependido únicamente de ellos, con el perpetrador responsabilizándose completamente —«Lo hice yo»— y asumiendo las consecuencias, y la víctima reconociendo su dolor y su deseo de venganza posterior.

De este modo, la vivencia de cada uno concluye, y no se transmitirá a los descendientes como venganza o culpa sin asumir, sino que, por el contrario, se trasmitirá la capacidad de resolución de conflictos graves. Si uno de los dos no reconoce exactamente lo que hay, o lo que hubo, los descendientes llevarán ese peso y su compensación arcaica hasta que uno de ellos sea capaz de reconocer y abrazar la realidad como es y como fue.

Perpetrador y víctima habrán recobrado toda su fuerza y su dignidad. Su destino individual cobrará sentido. El perpetrador estará en la energía de la reparación con toda su creatividad y humildad. La víctima vivirá una fuerza de amor que le permitirá ayudar y servir a lo más difícil. Internamente, ambos llegarán a la reconciliación; el daño hecho y sufrido se transmutará en esa gran fuente de amor y energía para la que fue diseñado.

Si el perpetrador o sus familiares no incluyen a la víctima en su propia vida, uno de sus descendientes se identificará con esa víctima, con una de estas dos dinámicas inconscientes: «Yo, como ella, seré una víctima» o «Yo, por ella, vengaré su sufrimiento, haré justicia yo mismo por ella».

Si la víctima o sus familiares no incluyen al perpetrador como el responsable del daño, uno de sus descendientes tendrá que reemplazar al perpetrador excluido con una de estas dos dinámicas: «Yo, como él, seré un criminal» o «Yo, por él, expiaré el daño que él hizo».

Como bien explica Bert Hellinger en *La verdad en movimiento*[14], a veces la víctima justifica al perpetrador, impidiendo que este asuma toda su responsabilidad y que ella misma reconozca su dolor de víctima. Esa persona ya no pertenece a ningún campo ni es reconocida por ninguno. Se da cuando la víctima es presa de una fuerte expiación o sentimiento de culpa que la empuja a legitimar al perpetrador y aceptar su dolor como parte del pago en el que está sumida.

Perdón o reconciliación

Es preciso distinguir el concepto de perdón de la cultura occidental judeocristiana, que impide el reconocimiento y asunción de la realidad, del perdón que se vive en África, en Oceanía o en algunos pueblos indígenas, donde las dos personas se ven como iguales y se reconcilian.

---

[14] HELLINGER, Bert (2005), Alma Lepik, Buenos Aires, 2008.

En nuestra cultura judeocristiana, el perdón es un veneno para las relaciones. En el fondo, es una sutil venganza de la víctima, pues el que perdona se vuelve superior al que hizo daño. En vez de reconocer la realidad, paso indispensable para todo crecimiento humano, el que perdona se otorga el poder de negar lo que ocurrió —«No pasó nada», «No sabían lo que hacían»—, impidiendo la reparación del perpetrador y lesionando su dignidad. O bien el perpetrador también niega los hechos, llorando, sin fuerza, y diciendo: «Lo siento, quisiera que no hubiese ocurrido», transformándose así en víctima de la realidad, incapaz de asumir el daño hecho.

Durante años en constelación, hemos utilizado la expresión «Lo siento» con el sentido de «Estoy desolado. Ojalá no hubiese pasado», expresión que quita fuerza, porque impide asumir la realidad. A veces se utiliza con el significado de «Me duele ver lo que he hecho»; en ese caso nos estábamos acercando más al reconocimiento y a la aceptación de la realidad.

El amor mayor está en aceptar la realidad tal como es. «Lo siento» nos quita fuerza, ya que no acepta la realidad tal como fue, pero «Ahora me doy cuenta de lo que he hecho. Esto lo hice yo» nos da fuerza.

El daño hecho por nosotros fue necesario, nos volvimos humildes y al servicio de la reparación cuando lo asumimos. El sufrimiento nos hizo cambiar y crecer. Como toda polaridad, hace crecer a todos cuando se acepta, transformándose en la fuente de un futuro salto cuántico.

Por lo tanto, es un error arrepentirse por haber hecho daño: era necesario. Fuimos tomados al servicio del destino colectivo. También era necesario, a nivel individual, pagar la compensación y asumir las consecuencias; todo estaba al servicio del cambio y de compensaciones anteriores.

La persona estaba atrapada por la compensación arcaica, no supo vivirlo como adulto. La persona lo asume como si fuera la única responsable de sus actos. Así fue. Esto hizo, aunque haya sido querido por una fuerza mayor. De esta manera, esa persona compensa de modo adulto, con su reparación, y protege a las futuras generaciones que solo heredarán de ella su amor a la vida, y contribuye con su forma de actuar a la expansión de la onda de reconciliación y unificación.

La reconciliación presupone que la realidad no se puede borrar y que el culpable puede hacer algo por su víctima o sustitutos, mientras que el perdón quiere borrar la realidad y la capacidad de reparación. Por eso, ese perdón no es adulto.

La realidad está ahí y es necesario que cada uno reconozca lo que hay. Cada uno descubre al otro y se reconocen como semejantes. El amor puede fluir y fluye intensamente si ningún tercero o descendiente se inmiscuye entre un perpetrador y su víctima.

Lo que ha ocurrido entre dos personas solo pertenece a ellas. Si alguien se entromete, la reconciliación será imposible. ¿Cómo se entrometen terceros? Con las denuncias, la indignación, la defensa de uno de los dos… ¿Cómo se puede ayudar sin entrometerse? Conservando en la mirada a los dos seres humanos a la vez y, con la misma compasión hacia ambos, ayudando únicamente a asumir la responsabilidad, las consecuencias y las emociones primarias propias.

El perdón verdadero viene de reconocer que todos somos iguales.

El diálogo que libera a perpetrador y víctima podría ser el siguiente:

Primero, reconocer la realidad:

VÍCTIMA: Me has hecho mucho daño.

PERPETRADOR: Ahora me doy cuenta, ahora lo veo. Yo lo hice. Así fue.

Luego, asumirla:

PERPETRADOR: Asumo las consecuencias de mis actos. Decido reparar.

VÍCTIMA: Estoy muy enfadado contigo, quiero vengarme, quiero hacerte daño, todo el daño posible. Me doy cuenta de mi deseo de venganza. Soy igual que tú.

Finalmente, verse como iguales:

VÍCTIMA: Veo el daño que mis ancestros hicieron a tus ancestros. Ese pasado ha terminado.

PERPETRADOR: Gracias por ser como eres.

Esa liberación también los une para siempre. Su destino es este: resolver algo trágico del pasado a través de su enfrentamiento y posterior reconciliación. Ninguno de los dos eligió ser víctima o perpetrador. El Destino los puso en ese papel para que todos los demás se pudiesen beneficiar de su reconciliación.

Para que ambos lleguen a esta liberación, el mayor trabajo interno viene de la víctima. Cuando se da cuenta de su rencor, venganza o victimismo ve que se ha transformado en un nuevo perpetrador, a menudo más feroz que el que le hizo daño. Para esta transformación hay que estar mirando el presente, y la gran tentación para cualquier víctima es no querer olvidar el pasado, seguir con la mirada fijada en aquel momento del pasado. De esta manera, uno utiliza su recuerdo para justificar cualquier acción del presente y no asumir su nueva responsabilidad.

Los perpetradores que se justifican tienen todos la mirada en el pasado, y en vez de asumir su responsabilidad actual se la cargan al que les hizo daño antaño. Siguen viviendo de su victimismo.

Todos hemos sido víctimas, en varias ocasiones, y todos nos transformamos inmediatamente después en perpetradores. El perpetrador es siempre una antigua víctima o está intrincado con una.

A no ser que se trate de un trauma que paraliza la energía de la persona, los adultos reaccionan en cuestión de segundos a una agresión. Su capacidad de supervivencia no les permite permanecer en la víctima. Inmediatamente, se defienden, reaccionan o actúan. Solo los niños permanecen como víctimas inocentes.

Cuando un adulto se presenta como víctima, está representando, está en el drama, dándose importancia. Se quiere hacer pasar por víctima cuando ya se ha convertido en perpetrador. Al ir de víctima, niega el daño que hizo para defenderse desde que le agredieron y se siente justificado para seguir en su actitud de acusación o de queja; es decir, para seguir haciendo daño. Quiere que se le tome por un niño, para no asumir ninguna responsabilidad. La indignación y la queja son su medio de expresión. Con ellos quiere desviar la atención; los «malos», los responsables, son otros. Él es un pobre pringado… Evidentemente, no está en su Estado Adulto, sino en la manipulación, en el famoso triángulo dramático de Karpman[15], en el que uno pasa constantemente del Estado Niño Sumiso o Rebelde al Estado Padre Crítico, es decir, de la víctima al perpetrador,

---

[15] Concepto de Análisis Transaccional, desarrollado en EDWARDS, Gill, *El triángulo dramático de Karpman*, Gaia, 2011.

del perpetrador a la víctima, etc., para poder mantenerse en el drama, lejos de la energía adulta.

Con la queja, uno se desconecta de la vida. La rechaza de plano tal como es, como si para esa persona la vida no fuera válida. Quiere hacerse pasar por víctima, niega su parte de responsabilidad como su capacidad de reacción. Al rechazar la fuerza del asentimiento se encuentra abandonado de su propia fuerza, y su entorno se encarga de hacer de espejo de sus quejas. Para esa persona todo se vuelve más pesado y más ingrato, hasta el preciso momento en que acepte hacerse cargo de su situación.

Y lo mismo vale con la indignación. El indignado está frente a un espejo de su buena conciencia —él, sí, lo habría hecho de otra manera—, pero una buena conciencia de niño impotente. Solo los que están en la impotencia se indignan; de este modo, justifican su inacción y su falta de compromiso, aliviando con ruido su mala conciencia por no hacer nada.

Las quejas y la indignación son maneras de no asumir ninguna responsabilidad. Así se justifica el rechazo a actuar desde el adulto, y solo aumentan la propia impotencia. Los que se indignan reaccionan; no actúan, reaccionan con pasividad, agitación o violencia[16].

Sobre la culpa y la expiación

La culpabilidad es un sentimiento de niño; el adulto no siente culpa.

---

[16] El Análisis Transaccional describe estos tres comportamientos como juegos que mantienen una descalificación de la realidad y permiten seguir lejos del Estado Adulto.

El hecho de hacer daño a alguien se siente como culpa mientras no se asume; una vez asumido, uno habla de responsabilidad y el concepto de culpa desaparece.

La culpa es miedo a dejar de pertenecer, dejar de ser reconocido y perder la seguridad y la identidad. Un niño no se puede permitir vivir solo, le va en ello su supervivencia. Pero un adulto sí. Un adulto suelta una pertenencia para abrirse a otra y es capaz de enfrentarse al cambio de identidad e imagen. El dolor profundo que esto le acarreará le va a ampliar la visión y la pertenencia. Va a comprender a mucha más gente y se va a sentir parte de un mundo mucho mayor que antes.

La culpa desaparece en cuanto uno está en la reparación del daño hecho. Esa reparación es la mayor energía de vida, el mayor empuje hacia los demás, es la gran fuente de la creatividad y del servicio adulto a la vida. Los inocentes no tienen fuerza, son niños. Uno se hace adulto cuando asume el daño que ha hecho.

El nivel oculto y profundo de un daño nos dice que lo que ocurrió fue necesario, estaba al servicio de la vida, como compensación, provocando tomas de conciencia necesarias y, por lo tanto, desencadenando un futuro salto cuántico.

El adulto, presente y conectado, sabe que le toca asumir totalmente la responsabilidad de sus actos, a la vez que se rinde a ese destino enigmático y acepta sin ninguna culpa que hizo lo que tenía que hacer aunque haya sido dañino y no entienda el porqué profundo. Bert Hellinger lo explica así: el adulto vive estrategias, es tomado por estrategias del destino colectivo que superan su vida individual.

La expiación, el autocastigo, son solo satisfacción del ego. El perpetrador que empieza a darse cuenta del daño que ha hecho, y no lo soporta, únicamente se interesa por sí mismo,

LAS FUERZAS DEL AMOR

no por su víctima. Sigue con su energía asesina, pero ahora la dirige hacia sí mismo, haciéndose sufrir y prohibiendo la alegría de vivir a sí mismo y a los demás, lo que le permite agredir sutilmente a todo su entorno obligándolo a sufrir como él. Gracias al daño que se hace, gracias al autocastigo o expiación, se siente aliviado, menos culpable. Quizá esté incluso sufriendo más que la víctima, y esto se convierte en una satisfacción perversa y absolutamente desprovista de amor. El que está en la expiación es, como mínimo, un gran aguafiestas.

La culpabilidad cumple con su función cuando el perpetrador es capaz de mirar con amor el sufrimiento de la víctima. Entonces desaparece.

Todo perfeccionista está en la expiación, aunque no todos los que están en la expiación lleguen a ser perfeccionistas. El perfeccionista, o puritano, se erige en modelo, para que todos sufran la misma represión que él se está autoinfligiendo. Lo primero que impone la expiación es la prohibición de la alegría y del amor. Precisamente por esto reconocemos a alguien que ha salido de la expiación: ¡está descubriendo la alegría de vivir! ¡Vuelve a sonreír!

El terapeuta debe aliarse no solo con la víctima, sino también con el perpetrador; en concreto, unir en su corazón a víctima y perpetrador en un mismo amor y respeto. El terapeuta sentirá compasión por el perpetrador y a la vez le mostrará la dirección de su responsabilidad: asumir el daño que ha hecho, ver el dolor de la víctima, para responsabilizarse de las consecuencias hasta decidir reparar. La fortaleza del terapeuta le permitirá no buscar ninguna justificación al daño.

Al mismo tiempo, es consciente de lo siguiente: todos actuamos empujados por fuerzas superiores a nosotros mismos, por lo que solo puede haber solución a un crimen, a una falta o un sufrimiento infligido a alguien, si el terapeuta es consciente de que el culpable es también fiel a su sistema y a algo más grande. El culpable está al servicio de la vida, al servicio de una futura reconciliación, y ha de saber que esa reconciliación es la fuente de la mayor energía posible para los sistemas.

El Destino da un salto cuántico a cada reconciliación.

Amar significa olvidar el pasado, no perdonar. Amar significa «Soy igual que tú, somos dos seres humanos iguales». Amar significa reparar el daño que hemos hecho.

CAPÍTULO 3
Somos guiados

LOS DOS MOVIMIENTOS BIOLÓGICOS UNIVERSALES

En todos los seres vivos, la vida señala el camino de su desarrollo, directamente, en su biología.

Todas las células están animadas por dos movimientos que las avisan en cada momento de si están tomando la buena dirección para realizar su cometido. Estos avisos dirigen su supervivencia y les permiten adaptar su actividad al nuevo entorno detectado.

Desde la ameba, nuestro mayor ancestro, todas las células de los seres vivos tienen dos movimientos base: uno de expansión y otro de contracción.

En el modo expansión, las células se abren al entorno activando todas sus funciones vitales de respiración, nutrición, reproducción y relación, cumpliendo con su función respectiva.

En cuanto se presenta un peligro, la célula pasa al modo contracción o evitación, en el que se contrae sobre sí misma para evitar el peligro, intentando hacerse invisible y sobrevivir ahorrando toda su energía gracias a la restricción máxima de sus funciones vitales: deja de nutrirse y respirar, deja de reproducirse, evitando relacionarse con el entorno peligroso. Cuando el peligro se ha alejado, «algo» avisa a la célula de que puede retomar su expansión.

En otras palabras, existen dos movimientos universales que guían a todos los seres vivos: un movimiento hacia la vida y un movimiento de evitación de un peligro, es decir, de la muerte. Estos dos movimientos se perciben en cada una de nuestras células: en todo momento estamos, o bien empujados hacia la vida y la realización de nuestro propósito, o bien frenados en cuanto se asoma un peligro para esa realización.

Cada célula recibe información de lo que puede perjudicar su misión; por ejemplo, una célula de la epidermis no recibe la misma información que una célula del hígado. Esa información expansión/evitación es específica para cada célula. Los biólogos hablan de un instinto de propósito que dirige a cada ser vivo desde que existe, aunque sea un ser tan primitivo como los unicelulares.

El individuo es guiado a lo largo de toda su vida por diferentes vías: las sensaciones internas; las metáforas de todo tipo, que son el idioma del inconsciente; las sincronicidades; las múltiples intervenciones del «campo» —es decir, de la realidad misma— y, entre ellas, los conflictos externos. La libertad de la persona le permitirá seguir o rechazar las señales recibidas a cada instante. En momentos claves estas señales son más contundentes, aunque la decisión de acatarlas sigue siendo libre.

En efecto, cuando todo va bien la sensación es sutil, pero, en cuanto nos ponemos en peligro, la señal se hace cada vez más invasiva y molesta, esperando así que la persona rectifique su actitud. Veremos que la señal va a utilizar desde cualquier síntoma desagradable hasta una enfermedad, un accidente o un conflicto con una persona de la que no podemos imaginar que esté tan en sintonía con nosotros.

Nuestro guía nos indica cómo avanzar primero hacia la supervivencia y luego hacia la autonomía del adulto. Nos avisa cuando nos alejamos de las fuerzas del amor o cuando nos dejamos atrapar por la resonancia peligrosa de una compensación arcaica. Nos orienta a la realidad presente, nos reconduce hacia nosotros mismos y, desde nosotros mismos, nos lleva a los demás, al amor y la acción.

El destino individual

En el ser humano, este instinto biológico de propósito nos avisa de nuestra misión desde la concepción, misión que nos lleva simultáneamente de la fusión del niño a la autonomía adulta y de lo colectivo a la individuación. Ese propósito o misión es el logro de nuestra autonomía en sintonía con todo, es la entrega al presente, es el servicio a la vida.

Esta misión-propósito es una propuesta que se reactualiza tras cada una de nuestras respuestas.

En efecto, en cada momento transformamos nuestra misión y, con ella, nuestro destino: las señales nos despiertan a las fuerzas del amor y al agradecimiento al destino colectivo. En consecuencia, nuestro destino individual se alivia, se aligera y se hace más libre cada vez que aceptamos lo que nos toca y que nos dejamos mover por las fuerzas del amor. Por el contrario, rechazar las llamadas de atención del entorno y de nuestro cuerpo aumenta el peso del destino colectivo y de la compensación arcaica en la que estemos atrapados.

El propósito

La información que nos guía escapa a nuestro control. Está continuamente en movimiento. Sus matices nos hablan de todo lo que pensamos, sentimos o hacemos a cada instante. Nos propone algo particular en cada momento, algo diferente y singularmente coherente.

No la podemos dirigir, ella nos dirige. Más que dirigirnos, nos informa a cada momento de si estamos en coherencia con este propósito de vida o no. Aunque ignoremos dicho propósito y nos cueste sentir el guía por lo alejado que estamos de él, ese guía está siempre presente en nosotros.

Cuanto más presentes estemos, mejor lo reconoceremos, hasta que podamos darnos cuenta de que somos uno con él. Nuestro adulto y esa percepción de la dirección son uno.

Cuanto más lejos del adulto, menos aceptamos sus mensajes, hasta que, quizá, una crisis más violenta nos sacuda y nos abra los ojos a otra realidad. Entonces podremos entender.

Ante todo, se trata de renuncia y rendición.

El propósito es estar presente en la vida a cada instante de nuestra existencia, agradeciendo lo que llega y haciéndonos cargo de nuestra vida.

El presente implica estar en el adulto, en el amor mayor, en las emociones primarias y en la acción. Implica renunciar al drama, al victimismo y al pasado, y rendirnos con agradecimiento al presente tal como es.

Evidentemente, no es una elección fácil.

Ahí reside su grandeza.

Todos los hábitos nos llevan a la solución de facilidad: seguir en el modo contracción que surge de la pérdida del adulto, del sometimiento a creencias, al dramatismo y los conflictos, a la enfermedad, el no realismo y la imitación de los demás, etc.

Sin embargo, en cuanto renunciamos al pasado, la señal cambia y nos lleva a la paz y a una profunda alegría de vivir. Una vez de vuelta al presente, rendidos y entregados con amor, los problemas causantes de las sensaciones desagradables se transforman y dejan de ser tales problemas, presentándose inmediatamente la dirección hacia una solución imprevista y fácil.

La sensación interna, el guía

Cuando el guía habla a través de nuestra biología, se expresa así: bienestar para luz verde o para darnos el beneplácito a lo que estamos haciendo, y molestia para detenernos y cambiar el rumbo de lo que estábamos viviendo.

Podemos observar que a veces nos sentimos relajados, con amplia respiración, fuerza, seguridad total, sonrisa interior, comodidad interna, bienestar, sobre todo en el abdomen, con una sensación de caricia interna y de apertura confiada y segura, de estar en casa, en intimidad con uno mismo y con el entorno.

En ese momento, todas nuestras células nos dicen: «Vas bien», «Sigue así», «Sigue con ese pensamiento o ese acto». Y, al elegir seguir en esa dirección, es frecuente sentir una emoción, que calificaremos de metaemoción[1], como el amor, la reconciliación, la fuerza, la inclusión, el servicio, la alegría, la paz, etc.

En otras ocasiones, nos sentimos contraídos, angustiados, alerta, estresados, con alguna contractura o dolor y una respira-

---

[1] *Metaemoción:* emoción dirigida hacia un entorno mayor que el inmediato.

ción mínima. Nuestras células nos están diciendo: «No sigas», «Por ahí no», «Ese pensamiento, esa creencia, esa reacción o esa emoción, no».

¡Aprender a reconocer estas señales es tener el mando de la sintonía con la vida! Y utilizarlas conscientemente es aprender a dejarse guiar por otro nivel.

Como menciono en mi primer libro[2], esta señal interna se puede transferir a otras partes del cuerpo y otros lenguajes: nuestros dedos pueden darnos la señal del sí y del no, el balanceo del cuerpo funciona como péndulo. La kinesiología ha divulgado varias señales ideomotoras. Para cada uno de nosotros, el guía, nuestro inconsciente o algo mayor, tienen un lenguaje preferente. No se trata de imponer una señal nueva, sino de conectar con la señal preexistente y ver cómo establecer el mejor diálogo con nuestro guía.

No importa cuál sea la situación en la que estemos: podemos volver a conectarnos con el modo expansión que nuestro guía desea para nosotros. A continuación propongo cómo:

Me observo, me siento.

Respiro desde el vientre o desde el corazón, sin interrupciones entre inspiración y espiración, del modo más natural posible. Así estoy presente. Estoy en el adulto, en mi yo mayor.

Sigo observando cómo me siento.

Si observo una alteración en cualquier parte de mi cuerpo, la localizo bien y la acojo. Agradezco esta nueva señal y decido permanecer en el adulto presente, al control de la respiración consciente.

Elijo una de estas dos estrategias:

---

[2] CHAMPETIER DE RIBES, Brigitte, *Empezar a constelar*, Gaia, 2009.

La primera:

Desde el adulto presente, con respiración consciente, acojo la alteración y le doy el tiempo y el espacio que necesita para acabar su ciclo. Permanezco sereno, centrado y diferenciado de la sensación. La respiración, en especial la respiración desde el corazón, como si tuviera los pulmones en el corazón, ayudará a no dejarme afectar. Sé que tarde o temprano cesará.

La alteración se despide con una respiración profunda de alivio. A veces una oleada de culpa me invadirá y se irá también, mostrando con el calor que la caracteriza que un trauma muy profundo y antiguo por fin se está desvaneciendo. Y, sobre todo, poco a poco, aparecerán angustias, tristezas y pesares muy antiguos, muy conocidos, como conocidos muy viejos que creía haber despedido para siempre y tenía totalmente olvidados. Será muy necesario seguir bien en el adulto, con mucho cariño hacia uno mismo y hacia esas alteraciones mientras hacen su recorrido por nuestro cuerpo, y aceptar que el dolor se vaya con un último desgarro.

Hasta que lleguen esos últimos suspiros liberadores. Dejo que todo pase, sin interferir.

La segunda:

Permanezco en el adulto, con respiración consciente, y me pregunto si lo que interfiere es de ahora o pertenece al pasado.

Si es de ahora, busco lo que estaba viviendo en el segundo anterior a la aparición de la molestia y lo suelto: pensamiento, decisión, acto o emoción. Cuando la emoción nos es conocida es que estamos en una repetición de algo bloqueado y no estamos viviendo una emoción primaria; estamos en un drama. La actitud adulta será entonces la de asumir que necesitábamos ese conflicto y su repetición. Una decisión antigua de la infancia está todavía actuando. Identificaremos esa decisión y por qué fidelidad de amor (¿a quién dijimos «Yo, como tú»?) la toma-

mos o por qué dinámica inconsciente de amor («Yo, por ti», «Yo soy tú»). Y, espontáneamente, tomaremos una nueva decisión para nuestra vida.

Si pertenece al pasado, pregunto si es mío o no. Si es mío, me abro con amor a esta emoción antigua bloqueada, sin necesidad de identificarla, permitiéndole que termine su ciclo, dejándole todo el espacio y el tiempo que necesite para concluir su recorrido.

Si no me pertenece, puedo dirigirme a alguien, aunque sea sin saber de quién se trata, para honrarle y decirle que lo que haya pasado ya ha terminado. Y una de estas frases nos ayudará a volver a nuestra vida: «Te libero de mí», «Yo soy yo y tú eres tú», «Tú, por ti y yo, por mí», «Ya está todo pagado», «Me permito ser como soy», etc.

¿Qué es este guía interno?

El guía interno existe sí o sí. Busca nuestro agradecimiento a la vida como es y precisamente nos avisa cuando nos alejamos de ello, por estar renunciando a fluir con la vida como es, transgrediendo alguna fuerza del amor.

La sensación interna tiene como meta ayudar a sintonizarnos con la vida. Esta sensación, reflejo de una conciencia que nos guía a cada uno junto con todos, es permanente. La conexión con esa conciencia, con la presencia, con ese algo mayor, es permanente mientras estamos vivos. Es. Hagamos lo que hagamos. Es decir, estamos conectados desde nuestra concepción sin que tengamos que hacer nada para conseguirlo. Y tampoco hace falta que sepamos para qué: el propósito nos guía, no nosotros a él.

La señal sensorial es mi vínculo biológico a algo mayor que me guía. Es mi vínculo biológico a algo de otra naturaleza que me informa y me conecta sin cesar.

Soy conexión, haga lo que haga. No necesito hacer ni saber nada, lo soy.

La presencia de ese movimiento de mis células es la Presencia en mí, es la mano que Algo me tiende, desde el presente, y me orienta hacia el propósito de mi ser, un propósito al servicio de mi vida y del universo: estar presente, estar en el amor.

La señal me habla de mi presencia y de la Presencia. De mi presencia al mundo, de mi conexión con todos y todo. Es la Presencia en mí que solicita mi presencia consciente.

La presencia tiene todas las formas posibles

Todo nos habla y nos guía continuamente. Si aceptamos sentir, ver o escuchar, nos daremos cuenta de que nuestros cuerpos y todo el entorno nos mandan, sin cesar, señales y sincronicidades para que permanezcamos en el amor del instante presente. Somos uno con el entorno, la naturaleza, el cosmos. Dentro y fuera son uno, arriba y abajo son uno.

El Campo Fuente tiene la responsabilidad de controlar y garantizar nuestro respeto a las leyes del destino.

La vida está hecha para vivir el amor, para materializar la elección del amor, para que el amor se materialice a través de la evolución de los seres humanos.

La realidad es creada de un modo tan sorprendente que ella misma va a hacer todo lo posible para hacernos ver nuestro alejamiento o cercanía al amor, ofreciéndonos exactamente lo que estábamos pidiendo o pensando, para que nos podamos dar cuenta de que las condiciones externas reflejan nuestros parámetros internos.

Cuando estamos en la queja, la crítica o el rechazo, apoyamos nuestras emociones negativas con unas creencias y pensamientos sobre el mundo que las justifican. Se retroalimentan mutuamente. Y el mundo que nos rodea nos va a dar la razón. ¿No es sorprendente que la extrema diversidad de opiniones sobre el mundo se apoye siempre en las justificaciones objetivas de cada opinión? Uno recibe lo que necesita ver y, como está demostrado, es también lo único que puede ver. Y también será lo único que pueda hacerlo cambiar, como veremos en seguida.

De la misma manera, al volver al amor a todo tal como es, la paz y la alegría nos van a embargar y el mundo que nos afecta nos traerá más paz y alegría. En ese asentimiento y agradecimiento a todo tal como es, está también la rendición ante todas las polaridades, pues de nuestro respeto y asentimiento surgen las nuevas posibilidades y el despliegue de la abundancia del universo para con nosotros.

Nuestras energías internas orientan las energías externas, porque todas las energías son una.

¿Cómo llegar entonces al éxito y a la paz?

Estando en todo momento a la escucha de nuestros guías, es decir, de nuestras sensaciones internas y de lo que nos rodea: síntomas, enfermedades, imprevistos (sucesos, encuentros, palabras, accidentes) y todos nuestros conflictos. Todo lo anterior son intervenciones dirigidas desde una conciencia fuente, en resonancia con una intrincación o con algún rechazo de la vida tal como es, para liberar simultáneamente a la persona, su pasado personal, el o los ancestros con los que esté intrincada y la persona presente que se ha enredado en esa energía.

Cuando nuestros actos, pensamientos o emociones se oponen a la vida tal como es, estos fenómenos se desencadenan, uno tras otro, para provocar cambios en nosotros, hasta que retomemos el camino de la sintonía con la vida y con ello el del éxito y la alegría.

No solo se trata de estar a la escucha, sino también de dejarnos guiar activamente.

De dentro afuera

Percibimos que el mundo existe a nuestro alrededor, independientemente de nosotros. Sin embargo, poco a poco vamos experimentando que la manera en la que nos afecta depende enteramente de nosotros. El hecho de que las situaciones se transformen, objetivamente, en agradables o desagradables depende de nuestra conexión con todo lo existente. El mundo exterior refleja nuestra vida interior. La calidad de lo que nos afecta es la consecuencia de nuestra actitud interna, porque dentro y fuera son uno. Mi ser interno y todo lo que me rodea somos uno. Todo está al servicio de mi estar presente en el amor, a la vez que todo está al servicio del estar presente y en el amor de cada uno de los vivos, haciendo vivir la Presencia única en cada uno de nosotros.

Lo vemos en cada constelación. Si, por el motivo que sea, la persona está en la lucha, si se resiste a dejarse mover por las fuerzas del amor, todo se encona y se vuelve en contra de ella y de sus descendientes, permitiéndole seguir en la lucha y mostrándole una y otra vez que ese no es el camino para ella. Por el contrario, en cuanto la persona se rinde con amor, agradece o tiene respeto, las situaciones empiezan a fluir.

Lo sabemos también gracias al Análisis Transaccional que nos muestra cómo cada uno decide el guion de su vida a una edad muy temprana, con las decisiones que tomamos en respuesta a los mandatos parentales recibidos. Estas decisiones inconscientes de la infancia van a dirigir todas nuestras decisiones conscientes futuras, así como todas nuestras emociones. De este modo, podremos cumplir el guion que nos otorgamos por nuestra fidelidad arcaica a los sistemas y campos mórficos familiares, en contra de todas las fuerzas del amor, dominados únicamente por el amor individual mágico del niño que quiere salvar a todos sus seres queridos.

Las constelaciones nos muestran cómo los actos, creencias y emociones de nuestros antepasados provocan en nosotros unas reacciones que van a crear el tipo de vida que tenemos. Y descubrimos que somos responsables de estas reacciones aunque las hayamos decidido más o menos inconscientemente a una edad muy temprana. Son los vínculos e intrincaciones en las que dijimos: «Tú, por mí», «Yo, por ti», «Tú, como nosotros», «Yo, como tú», como ya hemos analizado en profundidad anteriormente, tanto en este libro como en los anteriores.

También percibimos que actúan factores todavía desconocidos por nosotros, ya que estamos en resonancia con multitud de seres, sistemas, movimientos de compensación, campos, realidades, dimensiones y energías, que dificultan la comprensión intelectual de lo que nos mueve y, sobre todo, de los que nos hace sufrir.

Sin embargo, sí, lo que observamos una y otra vez es la sencillez de la solución: aceptación y agradecimiento.

¿Cómo actúa nuestra actitud interna sobre lo que nos rodea?

Nuestro mundo, lo que nos afecta directamente de él, es la consecuencia inmediata de nuestra actitud interna: pensamientos y creencias, emociones y actos.

Somos vibración y, como tal, estamos en resonancia con todas las demás vibraciones. Cuando estamos en un estado interno armónico, nuestra resonancia armoniza lo que nos rodea. Las frecuencias altas están por encima de las frecuencias bajas. El entorno de alguien en paz se va llenando de paz.

Por el contrario, si, consciente o inconscientemente, antiguas emociones nos empujan y vivimos actitudes no presentes (en imitación de otros o de nosotros mismos), reaccionando en vez de actuando, emitiremos ondas incoherentes sobre nuestro entorno, el cual se va a enconar por nuestras propias vibraciones. Lo que nos rodea se vuelve el espejo de nuestra propia desarmonía.

Pero no solo esto. Además, al mostrarnos un espejo de nuestro sufrimiento interno, esta situación nos da la oportunidad, si estamos despiertos, de tomar conciencia de nuestra incoherencia interna y soltar una fidelidad infantil (creada en la infancia). En ese preciso instante, la coherencia, el adulto y el amor nos vuelven a guiar. Al mismo tiempo, gracias a esa resonancia no local, desaparece el problema que vivíamos con el entorno. Las personas, situaciones y hechos que conformaban el problema reciben nuestra nueva vibración y se transforman gracias a ella.

El mundo no es hostil: también está al servicio de los destinos individuales, vibrando con ellos y reflejándolos. Lo que nos afecta, en la parcela del mundo en la que vivimos, es el espejo[3] de la calidad de nuestra presencia[4] en la vida.

Cuando estamos en paz con nosotros mismos, vemos todo con compasión. Por el contrario, lo que tenemos reprimido

---

[3] Véase ZELAND, Vadim, en particular: *Reality Transurfing I, El espacio de las variantes*, 2010, y *Reality Transurfing V, Las manzanas caen al cielo*, Obelisco 2013.

[4] Véase BROWN, Michael, *El proceso de la presencia*, Obelisco, 2006.

provocará nuestros sentimientos hostiles hacia los que se atreven a vivir lo que yo me reprimo. El mundo es neutro, y solo nos crea desagrado lo que proyectamos en él. Sabiéndolo, agradecemos nuestras emociones desagradables, repugnancias, miedos o rechazos. No son creados por la realidad externa. Estas emociones únicamente nos señalan antiguos traumas no integrados que se ponen a resonar en algo externo, avisándonos gracias a esta emoción de aversión de que estamos frente a una vieja represión que solo pide ser levantada y liberada. Lo que nos provoca rechazo no tiene ninguna responsabilidad en ese desagrado; la prueba está en que, en cuanto permitimos a la emoción bloqueada que se exprese, nos abrimos con simpatía y sentido del humor a lo que nos disgustaba.

Desde nuestra infancia estamos viviendo ese «guion de vida[5]» que decidimos nosotros mismos. Y ese guion provoca el grado de armonía de nuestra vida. De pequeños, todos decidimos hacer y ser como nuestros padres, según qué faceta de la vida, y somos fieles a uno o a otro, prohibiéndonos ser más felices que ellos o querer a otra persona más de lo que les queremos a ellos. Y todo esto se realiza mientras seguimos viviendo como «niños».

Hasta que no dejemos de ser fieles a aquellas decisiones tempranas, la vida nos seguirá dando todo lo que habíamos decidido. El drama es que precisamente la vida no solo nos da lo que habíamos elegido, sino que nos propone, en cada crisis, la posibilidad de adoptar una actitud nueva que podría cambiar el curso de los acontecimientos, y nosotros, ciegos, seguimos repitiendo las mismas decisiones, quejas y creencias,

---

[5] Concepto central del Análisis Transaccional. La principal herramienta de sanación de los guiones de vida son las constelaciones.

aumentando la fatalidad de nuestro destino y, por resonancia, del destino de todos.

Somos ciegos, nos seducen los beneficios secundarios de nuestras desgracias, y nuestra buena conciencia y nuestro victimismo nos refuerzan. Nos hemos creado una identidad a la que es difícil renunciar. Pero las fuerzas del amor están ahí para ayudarnos a soltar todas estas fidelidades infantiles y nefastas.

Lo vemos a través de estos dos ejercicios:

Mi espejo

Vamos a recordar una dificultad, un conflicto o un malestar reciente que surgió con alguien del trabajo, compañeros, vecinos o un grupo.

Voy identificando cuál es el malestar en mí, lo siento en mi cuerpo hasta poder ponerle palabras: rabia, vergüenza, impotencia, pena, desesperación. Me tomo el tiempo de localizarlo bien en mi cuerpo.

Ahora, dejo de mirar a la persona o a las personas que provocan ese malestar. Me giro hacia mi pasado y observo que sigo sintiendo lo mismo. Este malestar no lo provoca la situación actual, es algo antiguo que ya conozco desde hace tiempo.

Me doy cuenta de que ya lo he sentido otras veces y vuelvo atrás, viendo, en efecto, cómo sentí esa misma sensación en varias ocasiones anteriores. Quizá incluso puedo recordar una situación, otra...

Entonces voy a mi infancia y me doy cuenta de que a alguien importante para mí en aquel tiempo le dije: «Yo, como tú».

Ahora puedo saber de quién era ese malestar: mi padre, mi madre, mi abuela, un hermano mayor...

Veo a esta persona importante para mí, con ese malestar, y empiezo a entender su pasado, sus conflictos, su dolor.

Y le digo: «Buscando tu amor, te dije: "Yo, como tú". Ahora he crecido, veo tu dolor. Todo esto ha terminado. Y ahora, te libero de mí y elijo vivir mi vida. Gracias por ser como eres, gracias por ser quien eres».

Vuelvo al momento presente y a esa persona o situación que me creaba conflicto. Observo el profundo cambio operado en ella y en mí y le digo:

«Yo soy yo y tú eres tú.
»Gracias por ser como eres.
»Te dejo ir a tu vida y yo me voy a la mía».

El conflicto era un espejo de lo que necesitaba liberar...

Cambiar una decisión del guion de mi vida

1. Identificar una dificultad o conflicto, sobre todo algo repetitivo. Imaginas dos espacios, uno para ti y otro para la dificultad, enfrente de ti.

Imaginas la dificultad delante de ti y le das un nombre, modificando ese nombre hasta sentir una sensación más fuerte que te dice que has identificado bien la dificultad.

2. Observar la dificultad, sabiendo que te va a llevar a algo nuevo cuando la hayas resuelto.

Aunque todavía no la entiendas, le agradeces que esté en tu vida. Sabes que forma parte de un movimiento del vacío creador, que también podemos llamar «campo del vacío cuántico», dirigido a un salto cualitativo en tu vida.

3. Descubrir la decisión.

Obsérvala hasta darte cuenta de que elegiste tener esa dificultad por los beneficios que te trae.

La elegiste inconscientemente durante la infancia, para sobrevivir lo mejor posible a traumas e intrincaciones familiares.

Y, ya de adulto, has vuelto a tomar esta decisión en varias oca-siones.

Di a la dificultad: «Elegí tenerte en mi vida, para evitar... o para conseguir...».

Te ayudará a ponerte en la dificultad y sentirla, luego vol-ver a ti, y así alternativamente cada vez que entiendas algo nuevo.

Sabrás que habrás encontrado el buen motivo por el que decidiste tener esta dificultad por la emoción que vas a sentir.

Y quizás, detrás del motivo, encuentres otro más profundo todavía: «Elegí tenerte en mi vida para evitar o conseguir..., para ser más fiel».

4. Estando en ti, sanar la decisión infantil.

Miras más allá de la dificultad, a lo lejos, hacia tu infan-cia. Ves lo que querías evitar o conseguir.

Siéntelo en el cuerpo.

Alguien de tu infancia está ahí y le dices: «Esto ya ha ter-minado. He crecido. Te libero de mí. Tú eres tú y yo soy yo».

5. Liberar una intrincación.

Ahora miras más allá todavía, quizás a varias generacio-nes antes. Ves a alguien a quien dijiste: «Yo, por ti». No sabes quién es y no importa.

Ahora le puedes decir: «Querido ancestro, por ti habría he-cho cualquier cosa. Ahora te libero de mí».

«Ahora elijo vivir mi vida».

6. Tomar una nueva decisión.

Ahora miro de nuevo la dificultad y le digo: «Ahora te libe-ro de mí».

Y afirmo mi nueva decisión, que puede ser algo así:

«Ya está todo pagado, ahora elijo disfrutar de mi vida.

»Yo sola, o yo solo, puedo».

«Elijo la vida».
«Elijo vivir mi vida».

Quizá te ayude a encontrar la buena nueva decisión el ponerte en la dificultad y sentir sus reacciones conforme formules una nueva decisión. Sabrás que has encontrado la buena nueva decisión por la emoción que te va a embargar.
Y, con esa nueva decisión, te diriges hacia la vida.
Dicha decisión se convertirá en un mantra durante unos días.

El diálogo permanente con otra dimensión

Podemos estar en diálogo permanente con esta otra dimensión que nos guía, la cual existe en nosotros mismos, somos ella. Somos varios yos que coexisten formando nuestro ser temporal. A cada momento estamos eligiendo cuál de ellos nos dirige. Sin embargo, la energía que nos rodea, y de la que estamos hechos, nos empuja continuamente hacia nuestra mayor dimensión.

Desde muy jóvenes, algunos tienen la constancia de intervenciones que dirigen sus vidas gracias a la mediación de enfermedades, sueños, encuentros imprevistos, pensamientos, lecturas, tragedias o accidentes.

Todos hacemos la experiencia de una o varias voces interiores. Solo una tiene amor y alegría. Y ya es nuestra decisión elegir seguir esta y no la machacona, la obsesiva, la culpabilizante o la victimista.

Una vez que entendemos la presencia interior de esta mayor dimensión nuestra, depende de nuestra constancia y humildad el dejarnos guiar por esa Presencia.

La contrapartida es que, en los momentos en los que uno se aleja del presente y del adulto, el diálogo aparentemente se rompe. Uno ya no está disponible para la señal biológica que solo se percibe desde el presente. La señal sigue existiendo, pero no somos capaces de percibirla. Por eso, como he comentado un poco más arriba, la señal se tiene que volver más dura. No nos abandonará, es su misión hacernos volver al presente, por lo que será cada vez más contundente, hasta que, incluso, llegue al punto sin retorno de la muerte de la que nos quería proteger.

En efecto, el lenguaje de la Presencia es dual: nos permite ir hacia donde decidamos a cada paso, y en esa misma dirección nos ofrece la posibilidad de conectarnos de nuevo con el amor.

Si nuestra decisión es ir hacia la muerte, la encontraremos, y en ese mismo momento recibiremos a la vez una comprensión de amor.

Captamos la presencia y sus señales sutiles en el presente.

Si no tomamos en cuenta las señales de la presencia, ya vengan de nuestro cuerpo o del entorno, estas se volverán más contundentes y desagradables para hacernos reaccionar.

Por el contrario, existe un verdadero diálogo cuando uno utiliza y agradece la información recibida, el cual se vuelve espontáneo mientras la persona permanece en el adulto presente. Quiero decir que, estando en el adulto presente, no necesito preguntar ni buscar información: la otra parte habla en cuanto necesito orientación, aunque no me haya dado cuenta de ello.

CAPÍTULO 4
Estar presente

LAS FUERZAS DEL AMOR NOS HACEN VIVIR EL PRESENTE

Las fuerzas del amor nos llevan a la plenitud de cada instante presente. Son las fuerzas que nos conducen una y otra vez al momento presente. Su objetivo es hacernos vivir la conexión presente con todo y con el Todo; hacernos vivir en conexión, en sintonía, permitiendo que estemos en un tiempo y un espacio concretos y, a la vez, conectados más allá del tiempo y del espacio. Esto nos permite vivir la consecuencia de nuestras actitudes y da amplitud a nuestra libertad.

La meta de las fuerzas del amor es que experimentemos la humanidad como plenitud y unidad, precisamente en un entorno donde todo está dividido y separado, y esto solo se puede dar en el momento presente. El instante presente es siempre plenitud, es un momento colmado en el que solo existen rendición, amor por todo como es y adecuación total a la realidad, a menudo acompañado de alegría y gratitud, independientemente de lo que ocurra alrededor.

En el instante presente estamos fuera de las polaridades. Estamos al máximo de nuestra fuerza y de nuestras capacida-

des, al máximo de nuestra lucidez y creatividad. Cada paso nos
acerca a la unificación y amplía la resonancia del amor y de la
unidad.

ASENTIR AL TIEMPO Y AL ESPACIO

En el instante presente, agradecemos el tiempo y el espacio
que nos construyen.

Gracias al tiempo vemos las consecuencias de nuestras decisiones y reacciones a las señales del universo. El tiempo nos
permite tomar nuevas decisiones, confrontándonos con nuestra libertad, así como con el resultado de nuestros rechazos o
asentimientos.

El tiempo conduce todo desde su nacimiento hasta su
muerte. Fuera del tiempo todo es, sin evolución. Nos es muy
difícil concebirlo: una dimensión sin espacio, sin localización y
sin devenir. Algo no local, perpetuo, completo; algo conectado
con el campo fuente donde nos movemos. Gracias al tiempo,
la energía se materializa y evoluciona hasta volver a ser energía
pura después de la muerte.

Estar presente es asentir a la vida como es; es asentir al
paso del tiempo, a la edad y a la muerte.

La angustia por el paso del tiempo desaparece. El tiempo
se vuelve nuestro amigo y nos acompaña. Experimentamos
que tenemos el tiempo que necesitamos y que siempre lo hemos tenido. Siempre hemos tenido el tiempo exacto que necesitábamos porque todos los pasos dados fueron necesarios tal
como se dieron.

El espacio nos vuelve visibles y materiales. Perdemos las
cualidades de la onda, en particular, el hecho de poder estar en

varios sitios y en varias épocas a la vez. El espacio nos crea límites, nos separa de los demás e impide la fusión con el todo.

Al vivir y pertenecer a un lugar concreto, tenemos una responsabilidad determinada y limitada por ese lugar y su historia. No podemos elegir ese lugar, ni la generación a la que pertenecemos, ni la «misión» que nos confiere ser un eslabón concreto. Nuestros actos están al servicio de la parcela del destino colectivo que nos corresponde, nos guste o no.

Cuando estamos ocupando un lugar que no es el nuestro, no conseguimos estar en el presente; nos preocupan el pasado o el futuro, nos molesta la gente a la que atribuimos nuestra frustración, tenemos prisa por alcanzar algo que se nos escapa continuamente, sentimos impotencia porque lo que deseamos no se corresponde con lo que conseguimos alcanzar.

Por el contrario, el estar presente nos permite asentir a nuestro lugar, aceptar lo que nos toca por destino. Nuestros actos se vuelven eficaces, crean resonancia potenciadora para los demás. Sentimos que hemos llegado, que ese lugar es un oasis, que lo es todo para nosotros. En ese instante, nos sentimos en casa. Nuestra mirada lo une todo, somos uno con todo. A pesar de estar en el espacio que nos separa, percibimos la unión entre todo. Gracias al espacio nos conectamos con todo lo que existe, lo hacemos conscientemente, lo vemos todo y el espacio mismo vibra con nosotros. Cuando estamos presentes, estamos en sintonía con todo y con cada cosa. Vibramos con ellos y el nivel energético de todos nosotros aumenta.

Sonreímos a todo lo que existe. Tenemos conciencia del sol y él de nosotros. Agradecemos el aire que respiramos, esté como esté. Nos sentimos hermanos de los árboles, erguidos gracias a las mismas fuerzas que ellos y vivos como ellos.

El suelo nos da su apoyo. Confraternizamos en silencio con la gente que cruzamos. Vemos, y respetamos, su alegría o su dolor. Respetamos a los diferentes y a los difíciles; todos somos movidos por las mismas fuerzas. Agradecemos a los anteriores todo lo que pusieron para que hoy podamos disfrutar de la vida con todos sus cambios y progresos. Agradecemos lo que está más allá del espacio visible de la naturaleza, lo que permite que todo exista. Agradecemos a algo de otra índole, que intuimos en la presencia física de todo cuanto nos rodea.

Nos damos cuenta de que somos naturaleza, con sus ciclos; de que somos el mundo para los demás y de que ese mismo mundo nos está hablando continuamente. Intuimos que formamos parte de tantos sistemas y dimensiones que no podemos alcanzar todo esto sin alejarnos del instante presente.

Nos damos cuenta de que el mundo es un espejo individual y colectivo en el que nuestra pequeña onda va cruzándose hasta el infinito con todas las demás, en el mismo instante presente.

EL YO ADULTO

Yo presente y *yo adulto* son sinónimos.

Ambos nacen de una decisión consciente: la de estar aquí y disfrutarlo, con respeto, inclusión y agradecimiento, esté como esté todo. Es decir, primero, aceptamos la situación esté como esté y también lo que sentimos. Todo forma parte, es lo que hay; por lo tanto, lo tomo. No está ni bien ni mal, es como es. Es necesario que sea como es, todo está en movimiento. Es a la vez consecuencia y causa: impulsado por las fuerzas del amor y sus compensaciones; por el instinto de imitación a los distintos campos a los que pertenecemos; por las decisiones de la persona y por la resonancia de sus pensamientos, emociones y actos.

Una vez adultos, volvemos a conectarnos con ese amor a todo y todos de nuestros primeros meses, pero esta vez con conciencia y autonomía.

Renunciamos conscientemente a nuestras preferencias. Agradecemos precisamente las pistas que nos dan nuestros enfados para con la gente: provocan nuestra condena únicamente los que tienen, o bien algo que no me permito lo más mínimo, o bien algo que tengo también y no quiero admitir. Me doy cuenta de que en el fondo le tengo envidia a la primera, pues consigue hacer algo que nunca me he atrevido, ¡sonrío! ¡Qué descubrimiento! Y con la segunda sonrío también, ¡es mi espejo!

¡Gracias, enfado, eres un gran maestro!

Estas personas y nosotros tenemos en común el mismo sufrimiento y la misma manera inmadura de superarlo, por lo que estas personas difíciles de aceptar son las que más me van a aportar.

De hecho, el movimiento permanente de las fuerzas de compensación provoca que nuestra aceptación de las personas difíciles nos atraiga la mayor abundancia del universo.

El yo adulto está presente, es conexión, es amor a todo tal como es. Vive conscientemente las fuerzas del amor.

En ese yo adulto, aceptamos todo, integramos el pasado y elegimos vivir únicamente en el presente, experimentando las emociones primarias que nos ayudarán a adaptarnos a cada situación y a actuar del modo más eficaz. Asumimos nuestras responsabilidades pasadas y presentes, así como la responsabilidad de nuestros pensamientos y estados de ánimo actuales, que son los que crearán nuestro futuro. Ninguna creencia interfiere, solo la adhesión a la realidad.

Vivimos la dimensión cuántica del adulto al observarlo todo como es, con respeto y agradecimiento, uniendo y reconciliando todo en nuestra mirada. Unificamos. Vemos las polaridades y dificultades como oportunidades de amor e integración. Y esta unificación nos abre a la creatividad de la vida, produce continuos saltos cuánticos en nuestras vidas y en los campos a los que pertenecemos.

Hemos soltado el control sobre la vida y nadamos con el río. Él nos dirige.

Vemos gracias a las constelaciones que todo está dirigido hacia una misma dirección. Por si a veces se nos olvida o nos parece que el mundo va hacia el caos, cada constelación nos muestra cómo estas fuerzas del amor nos guían hacia más presente, más vida, más conciencia, más disfrute del momento presente, más éxito y más libertad. Algo más grande nos guía, individual y colectivamente, hacia más vida y más bienestar, a la vez que respeta nuestra libertad individual.

Y si nuestra decisión es seguir con la mirada hacia el pasado y en el rechazo de lo que hay hoy, nuestra vida y la de nuestros descendientes irán a menos, hacia más crisis, avisándonos así de nuestra falta de amor y respeto. El individuo está primero al servicio de lo colectivo y lo colectivo puede estar viviendo una gran crisis curativa.

La fuerza vital nos lleva al yo adulto, a la conciencia plena, al presente —aquí y ahora—, a la autonomía y a la acción.

Esa acción del yo adulto y presente es siempre creativa. La creatividad se da como resultado de un proceso de purificación. Es como una iluminación. No se busca, se nos regala.

Viene de la autonomía de las emociones primarias, de la rendición, de la acción al servicio, del asumir la responsabilidad. Asumir la soledad, asumir el ser distinto y a la vez pertenecer, respetando y agradeciendo el origen.

Ser creativo voluntariamente es un pasatiempo. Tiene el riesgo de estar en la imitación de sí mismo, no en un camino de apertura a lo nuevo, al nuevo presente. Uno no decide ser creativo, uno decide ser uno mismo en cada momento presente.

Vivimos otra paradoja con nuestro «propósito» o «misión». Aunque veamos una dirección, y un camino con sentido que se va dibujando poco a poco hacia el futuro, las fuerzas del amor nos colocan, y vuelven a colocarnos, insistentemente, en el instante presente que lo abarca todo. En este instante está la meta también. Cada instante tiene sentido en sí mismo a la vez que sigue al anterior y se abre al siguiente, que también se bastará a sí mismo y creará el siguiente. En cada instante está la dirección, la visión o la misión de cada uno. La misión que no se vive en cada momento presente no es tal misión, sino un sueño o una ilusión que mantienen nuestra atención en el futuro, fuera del presente. El propósito de nuestras vidas se vive durante los momentos de presencia y en los resultados conseguidos. El adulto es acción.

Cada momento presente es conexión con todo. En cada uno de estos momentos, nuestro propósito o nuestra misión se realizan, se expanden y se despliegan, identificándose con la vida misma.

Nos vemos tomados por una misión al servicio de la vida, en la que cada uno de nuestros actos, pensamientos y emociones están comprometidos.

La presencia adulta o intimidad

El yo adulto se diferencia de sus emociones y las asume sin dejarse poseer por ellas. Su decisión es la de estar en el observador y en la aceptación, viviendo las emociones del momento presente junto con su responsabilidad en lo que hace e intercambia con el entorno.

Observa cómo sus yos dependientes, el sumiso, rebelde, salvador, víctima o perpetrador, están continuamente activándose. Los observa con amor, sin juicio y sin dejarse dirigir por nada que no sea presente. Ve cómo su propia energía está, en calma o alterada, y deja pasar la alteración sin que le afecte.

El yo adulto es presencia.

Por un lado, la presencia a sí mismo le permite observarse y separarse de las emociones que alteran su momento presente y, por otro lado, simultáneamente, la presencia al todo, en conexión directa con la vida, le hace posible vivir todas las emociones primarias que correspondan. Estas emociones primarias son las herramientas del crecimiento continuo y de la acción certera y eficaz. En efecto, vivir las emociones primarias es el resultado de estar adaptado al momento presente y sus circunstancias. Estas emociones inmediatamente simplifican la situación y nos impulsan a actuar de un modo productivo, creativo y rápido, con el menor gasto energético posible.

Dos personas presentes se relacionan desde la intimidad. En esta intimidad, o presencia en sintonía, las energías se decuplan y una vibración común a las dos personas empieza a emerger; una emoción común nace, se completa y se vuelve a integrar en cada una, como una nueva experiencia. Esa emoción común puede ser dolor, miedo, amor, alegría... Vive su ciclo completo y lleva a ambas personas a un nuevo paso en sus vidas. Las dos han crecido simultáneamente, haya durado lo que haya durado este momento.

Juntas, ambas vivieron un momento de amor sin juicio, de intimidad, de presencia adulta, de fusión y de salto cuántico; un vínculo de resonancia las unirá para siempre. A partir de entonces, todo lo que haga una resonará en la otra.

Las emociones secundarias

Las emociones más fáciles de vivir son las aprendidas, por ser muy conocidas. Cuanto más se repitan, más fácilmente volveremos a vivirlas. Estas emociones no se corresponden con el momento presente, sino con lo que uno permite filtrar de este presente.

La infancia es el momento de aprendizaje de la manipulación específica de cada familia. La criatura percibe, adivina o experimenta en sus carnes que cada uno de sus padres valora unas emociones, desprecia otras y rechaza también algunas más. Sus padres son sus grandes modelos. Para mostrarles su amor, pondrá todo su empeño en vivir lo que a ellos les gusta, reprimiendo lo que les crea disgusto. Aprende así, rápidamente y muy pronto, a desconectarse de sí mismo, y responde a los acontecimientos basándose en «lo correcto», no en lo auténtico.

Si a un niño, por ejemplo, no se le permite llorar cuando está triste, de mayor no se permitirá la tristeza y no sabrá despedirse de lo que va dejando atrás. Las ocasiones de separación y tristeza de su infancia quedarán bloqueadas en su memoria. No habrá podido terminar su ciclo y transformarse de nuevo en energía libre y disponible. Por el contrario, se almacenan en forma de «quiste energético», que asomarán de vez en cuando

para ser entendidas y liberadas en forma de tristeza inoportu-
na, de rabia descontrolada o de síntoma físico.

En caso de trauma, la emoción dominante puede ser tan
devastadora que la criatura la bloquea y no se permitirá volver
a vivirla para no recordar ese trauma. Y, durante el resto de su
vida, cada vez que necesite vivir aquella emoción del trauma,
vivirá otra emoción totalmente inadaptada e incoherente.

Estas emociones aprendidas impiden a la persona conectarse con el presente. La acumulación de las emociones reprimidas interfiere continuamente en su adaptación a la realidad.
La persona tiene gran dificultad para percibir lo que realmente
ocurre. Vive reaccionando. Tiene tanto acumulado que es
como si cada evento tocara una tecla que desencadena una
reacción ya conocida. La adaptación creativa está fuera del alcance de esa persona.

¿Cómo volver a conectar con la realidad presente?

Los órganos de percepción que nos conectan con la situación presente en un momento dado nos informan de la necesidad de un cambio. Este aviso produce un pensamiento, una va-
loración de la nueva situación que, a su vez, provoca un cambio
químico, destinado a provocar una reacción emocional que va a
permitir la readaptación inmediata al cambio del entorno.

La emoción es siempre un motor para una acción creativa y
adaptada. La emoción primaria, se entiende; la que está directamente producida por la percepción del momento presente.

Ahora bien, si esta emoción primaria es reprimida por educación o por supervivencia, una emoción secundaria la sustituye automáticamente, y esta no produce los enlaces químicos
que llevan a la acción adaptada, ya que no está conectada con
el entorno que le corresponde y solo provocará una reacción
ineficaz, un pedaleo en el vacío, movimientos inútiles de la

energía para desahogarla un poco, y pensamientos parásitos, parloteo interno o «pensamientos secundarios» que a su vez estimularán otra emoción antigua; y sigue el ciclo.

El pensamiento resultado de una emoción primaria se funde con la acción, mientras que la emoción secundaria que no puede desembocar en una acción provoca un bucle sin fin. Cada pensamiento estimulado por la emoción secundaria —«pensamiento secundario»— volverá a excitar la química de la emoción secundaria. Y estaremos en un ciclo interminable, donde la emoción secundaria genera una acumulación de «pensamientos secundarios» que, a su vez, se emparejan con otras emociones secundarias. Bucles sin fin que nos separan del presente y de nuestra responsabilidad y solo nos sirven para justificar nuestra impotencia.

Pero, al estar presente, la persona vive el pensamiento, la emoción y la acción que corresponden a lo que está ocurriendo, como un todo. Sigue conectada con el entorno y fluye con el momento presente, siempre diferente, actuando, contemplando, viviendo. Toda su energía la dedica únicamente a ese momento presente.

El Adulto necesita estar continuamente vigilante.

La atención está donde tenemos nuestra energía, no tenemos más.

Cambiar nuestra química y nuestra «adicción[1]» a las emociones secundarias para ser los dueños de nuestra energía es la meta del desarrollo personal.

Estar presentes es la mayor autodisciplina que existe.

Hay que aceptar las alteraciones como señales de conflictos no resueltos del pasado y saber que detrás de estos conflictos

---

[1] Véase Dispenza, Joe, *Desarrolla tu cerebro*, Palmyra, 2007, pp. 383-484.

hay un inmenso dolor bloqueado. Las alteraciones que se van presentando solamente señalan la presencia de ese dolor antiguo que nos impide vivir plenamente el presente.

Presentes, aceptando tomarlo todo, absolutamente todo, cualquier cosa que se presente, como es, sin dejarse arrastrar por emociones viejas ni por monólogos estériles e interminables.

Presentes, despidiendo una y otra vez, con firmeza, todos estos pensamientos secundarios que nos parasitan y nos restan energía. En cuanto nos demos cuenta de que nos hemos dejado seducir por uno de ellos, dirigiremos nuestra atención a la respiración. Para los hombres suele ser suficiente; para las mujeres, la atención multifocal necesita dos objetivos simultáneos, como, por ejemplo, respiración y corazón. Al principio notaremos un pequeño desgarro al renunciar a seguir con el comentarista interno, pero nos compensará la sensación inmediata de paz que se instalará tras un suspiro profundo.

Presentes, viviendo las emociones primarias, que nos guiarán hacia la acción adecuada, asumiendo sus consecuencias. Dando las gracias, pase lo que pase. En la humildad de la renuncia a comprender, de la renuncia al diálogo interno y de la renuncia a nuestros planes anteriores.

Estar en el adulto presente es un largo proceso hacia más libertad y más amor. Sus etapas suelen ser la purificación y la iluminación: más humildad y más consciencia. Un largo proceso para llegar a nuestra dimensión más eficaz, profunda y misteriosa.

CAPÍTULO 5
El amor

COMO COMENTÉ AL PRINCIPIO, Bert Hellinger habló de los órdenes *del amor*, no de los órdenes de la vida, ni de los órdenes de la energía, ni de algo más grande. Dice que la vida la dirige el amor, va hacia más amor y es amor.

No se trata del amor emocional hecho de preferencias y rechazos. Ese amor primigenio lo define Bert Hellinger como un estado del ser, una actitud activa de aceptación y agradecimiento a todo por ser como es. La persona misma lo experimenta fundamentalmente como paz y concordancia; también le acompañan humildad, agradecimiento y alegría. Es una concordancia con algo de otra naturaleza, con el todo, con la plenitud. Los demás lo reciben como bondad y se contagian de la paz y de la alegría del que elige tomar todo tal como es.

Ese estado de amor es lo primero que vivimos, en el vientre materno. Durante estos nueve meses, y más o menos los seis siguientes, el niño vive el amor más incondicional jamás experimentado en la vida posterior del ser humano: entrega hasta el sacrificio, devoción, adoración, culto, veneración para con su madre, su padre y todos con los que puede conectar. La representación de los fetos y de los bebés en las constelaciones nos ha desvelado la grandeza y la potencia de su amor incondicional.

Durante esos primeros meses de vida, cuando él y su madre son uno, él y la vida son uno, el bebé ama a esa unidad, está fundido con ella, es amor, es vida, es él y es todo. Ama todo y se ama, pues no se distingue de los demás. Solo experimenta amor y dolor de amor y se experimenta a sí mismo como amor y dolor de amor.

Más tarde empieza a desidentificarse de su madre y del entorno. Empieza a rechazar el dolor y preferir lo agradable. Sus emociones desagradables las proyecta sobre los demás (son los demás los responsables de estas emociones desagradables) o las reprime. Aprende a amar emocionalmente lo que le ha resultado agradable y a sustituir el dolor de amor por el miedo y la ira y, más tarde, por la culpa, la vergüenza o la pena.

Ese amor emocional, basado en la repetición de las experiencias pasadas, verdadero reflejo condicionado, se va a desarrollar dentro de la conciencia familiar, como primera manifestación consciente de nuestra pertenencia. Empezamos a amar, odiar y despreciar lo que nuestros padres nos enseñan a amar, odiar y despreciar. Olvidamos el amor a todo y lo sustituimos por la dependencia a las preferencias de nuestros seres queridos.

Estas preferencias, a menudo heredadas y grabadas a sangre y fuego en las generaciones anteriores, nos impiden totalmente estar presentes una vez adultos. Nos obstruyen la visión panorámica de la totalidad.

Al elegir estar en el yo adulto, abierto a la plenitud del instante presente, el estado del ser llamado amor se volverá a vivir, poco a poco, gracias a la determinación y la disciplina, hasta que termine por llenar todas nuestras células. Es un estado en el que la inteligencia del corazón lo dirige todo. Es conexión con todo y con cada uno como es. Es pura sintonía con la vida. Es estar abarcado por algo más grande, algo de otra índole que, a pesar de ser de otra dimensión, está ahí presente, nos hace pertenecer a varias dimensiones a la vez.

Amarnos a nosotros mismos como somos, según Bert Hellinger, es un acto místico.

Es permitirnos ser como somos, actuar como actuamos y reaccionar como reaccionamos. No hay un patrón de calidad con el que evaluarnos porque, tal como somos, somos ese patrón de calidad.

Somos un ser humano, como todos los demás, que vive la evolución de la vida y del tiempo desde la fusión y la dependencia del fetito hasta la autonomía y la libertad del adulto, hacia la plenitud humana, detrás de la cual se adivina el misterio de otra dimensión. Pasamos de existir como miembros indiferenciados de múltiples redes de fidelidades, redes cohesionadas por el miedo al abandono y a la culpa, y por la necesidad de cumplir con un objetivo determinado, a vivir como seres cada vez más autónomos y conscientes, con la libertad de amar o no la vida como es o no; con la libertad de utilizar nuestra energía en los campos que decidamos y con la responsabilidad de asumir o no la calidad de vida creada por nosotros mismos.

Cada adulto es responsable de sí mismo, de sus pensamientos, emociones, elecciones y actos. Sabe o intuye que es reflejo, receptor, resonancia, faceta o presencia de algo que permanece fuera de nuestro alcance.

¿A quién amar primero sino a nosotros mismos? Si no me amo no puedo amar a los demás incondicionalmente; lo que rechazo de mí mismo lo rechazaré también en los demás. Con ese amor aprendemos la humildad. Y su primer efecto es que la culpa desaparece. La culpabilidad y la culpa son solamente la consecuencia de una falta de amor por nosotros mismos, por los demás y por la vida tal como es.

La primera etapa del amor adulto es, pues, amarnos a nosotros mismos, incondicionalmente. Permitirnos ser como somos, con compasión, comprensión y sentido del humor. Paulatinamente, llegaremos a permitir a todos los demás seres humanos ser como son.

Este es el camino de vuelta a ese primer amor simbiótico con la vida, de nuestros primeros meses, vivido ya a un nivel superior, el de nuestra individuación. La simbiosis ha desaparecido y la sustituye una fusión con todo en la que permanezco en mi identidad.

BUSCANDO LA FELICIDAD

Nuestras vidas están dirigidas por la búsqueda del bienestar, del amor y de la felicidad.

La primera etapa es salir de la supervivencia; luego viene la búsqueda de la felicidad.

Desde que nacemos, aprendemos que la supervivencia venía de las condiciones externas que nos rodeaban, de tal manera que, una vez adultos, seguimos situando fuera de nosotros las causas de nuestros malestares internos.

En una primera etapa de nuestra vida, pensamos que la ansiedad interior la causan las dificultades externas que nos están afectando y nos ponemos a cambiar lo que nos rodea, sobre todo a través de la lucha o del esfuerzo, para conseguir mayor bienestar interno, sin darnos cuenta de que, de esta manera, alejamos radicalmente ese bienestar de nuestras vidas y nos acostumbramos al esfuerzo y a la frustración permanentes.

Puede llegar otra etapa en la que entendamos que somos uno con el mundo que nos rodea: los fenómenos van de dentro afuera, lo que uno vive internamente provoca los acontecimientos externos que lo rodearán; la paz interna crea armonía exterior, los conflictos reprimidos crean problemas que son la materialización exacta de nuestras emociones, creencias o pensamientos negativos.

Veamos estas dos maneras de conseguir el bienestar:

La primera identifica las condiciones externas con la felicidad y el bienestar interno. La persona hace responsable a otro u otros de su malestar; está en la lucha contra estos otros y consigo misma, se esfuerza por modificar o conseguir «cosas», como seguridad, dinero, estatus, poder, reconocimiento, amor, realización, etc. Nuestra actitud principal es la de resistir, esforzarnos, controlar, quejarnos. Estamos impulsados por lo que nos gusta y rechazamos lo que nos disgusta. Nos movemos únicamente en el mundo de las polaridades y tomamos partido continuamente por una u otra.

Vamos viviendo etapas que se suceden, unas veces contradictorias y otras veces que confirman nuestros peores temores, readaptando nuestras creencias y deseos. Trabajamos mucho para acercarnos a nuestras metas y forzar el cambio de la realidad.

En la segunda se toma conciencia de que la felicidad es una decisión interna, independiente del entorno, y de que nuestros problemas vienen de nuestros bloqueos y rechazos emocionales; es decir, nos hemos dado cuenta de que nuestra actitud interna es la causa de lo que nos ocurre fuera. Hemos entendido que la armonía llega con la aceptación de la vida tal como se presenta y de nosotros tal como somos; en otras palabras, gracias a la rendición ante cada polaridad que nos disgusta.

Aceptamos incondicionalmente nuestro destino con todo lo que nos ha tocado. Hemos comprendido que somos nosotros los que decidimos tener tal o cual emoción, que no la provoca el exterior, sino que su origen está en nuestro pasado. Renunciamos a dejarnos mover por nuestras preferencias o rechazos, sabiendo que todo tiene el mismo valor. Soltamos nuestras fidelidades e imitaciones. Entendemos que no se trata de trabajar para modificar el entorno, sino de la práctica de una disciplina: aceptar, respetar, incluir y agradecer.

Practicamos el amor.

Reconciliamos los opuestos en nosotros mismos. Sabemos que lo que no nos gusta es energía al servicio del cambio. Somos responsables del incremento de la armonía en el mundo, porque somos responsables del incremento o no de la armonía en nuestros corazones.

Y ¿por qué confiamos así? Porque hemos ido experimentando que nuestro mayor bienestar interno llegaba cuando íbamos viviendo con agradecimiento a todas las situaciones y con respeto; es decir, con amor hacia todos los seres humanos que nos rodean.

Algo distinto se produce entonces en nuestras vidas. Fuerza, éxito, cambio…

Algo que solo tiene explicación gracias a la presencia de los órdenes del amor descritos por Bert Hellinger.

La fusión en nosotros mismos de las polaridades nos permite dar un salto cuántico, un gran salto cualitativo, hacia una situación en la que el enfrentamiento entre aquellas polaridades ya no existe. El Vacío Creador o Gran Campo Cuántico es el campo infinito de las nuevas posibilidades que solo existen en el momento presente. Necesita nuestra entrega al movimiento ondulatorio de la vida para llevarnos, a cada paso, tras cada rendición, hacia algo nuevo y mejor.

LA SINTONÍA ES AMOR

¿Cómo saber que uno está en sintonía?

Estando en el Adulto, presente, consciente, en pos de la reconciliación, transformando la dualidad en uno, asintiendo, soltando, actuando y asumiendo la responsabilidad de sus actos. Siendo conscientes permanentemente de sus elecciones, de las elecciones de cada instante.

¿Qué es lo que rompe la sintonía?

Estar en un yo pequeño, dependiente, imitando el pasado; en la víctima o en el perpetrador. Estos yos tienen en común que no ven el presente, rechazan la vida tal como es, ponen las creencias antes que los seres humanos y dramatizan, dándose más importancia de lo que corresponde para justificarse.

Todos somos una parte de esta realidad vibrante y pensante que se extiende por el universo entero. Entre todos somos todo. Cada uno puede decir no solamente «Formo parte», sino también, y sobre todo, «Formamos parte».

Todos somos un reflejo o un fragmento del Todo. En cada parte está el todo. El todo es cada parte. De ahí que excluir, rechazar, eliminar o despreciar a alguien es excluir, rechazar, eliminar o despreciar al Todo del que formamos parte. Excluir a alguien es excluirnos también a nosotros.

Sintonizar con la vida nos hace pertenecer a todo. Tenemos el sentimiento de pertenencia a un lugar preciso y a un grupo preciso, sentimiento que se va abriendo a lo largo de la vida, conforme ampliamos la mirada y experimentamos múltiples vivencias. Poco a poco vemos con el mismo respeto el origen de cada uno, sus fidelidades, su pasado y su cultura. Cada uno viaja, como nosotros, con el peso de su pasado y, también como nosotros, transforma lentamente esta herencia en fuente de creatividad y alegría.

Nuestra vida individual está al servicio del destino colectivo. Las personas somos libres de aceptar o no ese destino. Paradójicamente, la rendición a este Destino nos da la mayor libertad y el mayor bienestar que podamos imaginar. El Destino necesita nuestra libertad, pues de cada elección individual depende su evolución.

La armonía, la abundancia y la libertad bañan nuestras vidas cuando asentimos a todo como es; es decir, cuando nos alineamos con las fuerzas del amor. La resonancia creada extiende esa armonía a todos los que nos rodean o vibran con nosotros.

Las dificultades no nos parecerán como tales y, sin embargo, el vacío creador seguirá mandando pruebas para permitir la llegada de nuevas probabilidades.

La armonía es el resultado de un proceso personal de renuncias a tomar parte a favor de unos en contra de otros, a favor de algo o en contra de otra cosa, reconociendo que todo es igual de válido, que todo nos muestra la presencia de algo más grande; un proceso de renuncia a nuestras preferencias; un proceso de liberación emocional del pasado, de las culpas y fidelidades, respetando e integrando en nosotros todo lo que existe tal como existe.

Nuestra vida individual está al servicio del destino colectivo; no hay sanación individual, pero sí sanación colectiva. Más exactamente, estamos en comunidad de destino con todo y, en particular, con el Destino. Nuestra libertad individual actúa sobre la evolución colectiva de todos. Nuestro crecimiento nos lleva hacia dentro, al instante presente interior, a la presencia; y esta es sintonía con todo y todos, con pasado, presente y futuro. La presencia crea transformación, la presencia es amor y es sanación. El Destino evoluciona gracias a ella.

Vivir es una propuesta de realización al servicio del Amor. Vivir el Destino al servicio de algo más grande, al servicio de otras dimensiones. Vivir al servicio de la evolución de la humanidad, hacia más conciencia y más amor.

Cada ser humano es un eslabón necesario —y libre— al servicio de la vida.

¿De qué libertad se trata? De la libertad de aceptar fluir en el sentido de esa evolución. Esa elección crea fuerza y orden en nuestra vida.

¿De qué vida se trata? De la vida, emanación o reflejo de la presencia de esa gran consciencia; consciencia fuente de una propuesta de realizar su amor a través de las manifestaciones de la vida en el tiempo y en el espacio; consciencia que es energía también y, por lo tanto, está en movimiento, en devenir, creando resonancia; energía ilimitada, fuera del espacio-tiempo, para la que todo está siempre y únicamente presente.

Consciencia emanada de otras dimensiones a las que no tenemos acceso intelectualmente, pero que la contemplación, la meditación, la música o una imagen, los sueños y las metáforas nos pueden hacer entrever, tanto como una planta puede percibir la presencia de un ser humano.

Somos parte del amor de esa gran consciencia, en el sentido de que con nuestra vida materializamos su amor.

El amor es a la vez la fuente, el fin; es decir, el objetivo de la vida y el medio para lograrlo.

La vida se rige por las leyes físicas y sistémicas del amor mayor.

Vivir es amar, amar es vivir.

Amar es asentir, respetar, incluir, agradecer. Es vivir las fuerzas del amor.

Fuera del instante presente no existe nada.

El amor mayor lo abarca todo, en el instante presente. Una presencia se revela en la plenitud del instante presente. Una presencia de amor, a la que nos entregamos.

Bibliografía

BROWN, Michael: *El proceso de la presencia* (2006), Obelisco, 2008.

DEMARTINI, J. F.: *La experiencia descubrimiento. Un nuevo y revolucionario método para la transformación personal*, Urano, 2002.

DODSON, Frederick: *Cómo cambiar la realidad a través de los universos paralelos*, Sirio, 2014.

EDWARDS, Gill: *El triángulo dramático de Karpman*, Gaia, 2011.

HARRIS, Thomas: *Yo estoy bien, tú estás bien: Guía práctica del análisis conciliatorio*, Grijalbo, Barcelona, 1997.

HAWKINS, David R.: *Dejar ir. El camino de la liberación*, El Grano de Mostaza, 2014.

HELLINGER, Bert: sus libros. Revista, artículos y conferencias en www.insconsfa.com.

LIPTON, Bruce: *La biología de la creencia*, Palmyra, 2007.

——: *La biología de la transformación*, La Esfera de los Libros, 2010.

MCTAGGART, Lynne: *El campo*, Sirio, 2006.

——: *El experimento de la intención*, Sirio, 2008. *El vínculo.*

——: *La conexión existente entre nosotros*, Sirio, 2011.

Moorjani, Anita: *Morir para ser yo*, Gaia, 2013.

Sheldrake, Rupert: *Campos morfogenéticos y resonancia mórfica.* Conferencia en Birmingham, 2008. Disponible en www.insconsfa.com.

Singer, Michael: *El experimento rendición*, Gaia, 2016.

——: *La liberación del alma*, Gaia, 2014.

Wilcock, David: *El campo fuente. Investigación*, Arkano Books, 2012.

Zeland, Vadim: *Reality Transurfing, I, El espacio de las variantes*, Obelisco, 2010.

——: *Reality Transurfing, II, El susurro de las estrellas de madrugada*, Obelisco, 2011.

——: *Reality Transurfing, III, Adelante al pasado*, Obelisco, 2011.

——: *Reality Transurfing, IV, El control de la realidad*, Obelisco, 2011.

——: *Reality Transurfing, V, Las manzanas caen al cielo*, Obelisco, 2013.

Otros libros de la autora

CONSTELAR LA ENFERMEDAD

BRIGITTE CHAMPETIER DE RIBES

Es un libro de ayuda para enfermos a consteladores que, gracias a la información y las comprensiones que aporta, pretende llegar a cada uno de nosotros como soporte de una nueva visión instigadora de una vida más plena, amorosa y responsable.

Este segundo libro de Brigitte Champetier de Ribes nos adentra en el mundo del significado profundo de la enfermedad, tal y como Hellinger y Hamer lo descubrieron, cada uno a su modo, pero ambos totalmente fenomenológicos, sistémicos y conectados con algo más grande.

EMPEZAR A CONSTELAR

Apoyando los primeros pasos del constelador, en sintonía con el movimiento del espíritu

BRIGITTE CHAMPETIER DE RIBES

Empezar a constelar aporta claves y abre caminos al constelador, en evolución con Bert Hellinger, hacia las «nuevas» Constelaciones Familiares.

Es este un libro eminentemente práctico que aporta pistas y posibilita nuevas tomas de consciencia, crecimiento continuo, creatividad e investigación a través de todo un abanico de ejercicios fenomenológicos y sistémicos: cómo hacer el vacío, purificarse, vivir los órdenes del amor y de la ayuda, evitar la relación terapéutica, dialogar con el inconsciente, etc.

Gaia ediciones

ESTE DOLOR NO ES MÍO

Identifica y resuelve los traumas familiares heredados

MARK WOLYNN

La evidencia científca muestra que los traumas pueden ser heredados.

Existen pruebas fiables de que muchos problemas crónicos o de largo plazo pueden no tener su origen en nuestras vivencias inmediatas o en desequilibrios químicos de nuestro cerebro, sino en las vidas de nuestros padres, abuelos o bisabuelos.

DE LA CODEPENDENCIA A LA LIBERTAD

Cara a cara con el miedo

KRISHNANANDA

De la Codependencia a la Libertad (Cara a cara con el miedo) nos proporciona una especie de «mapa de carreteras» con una guía y herramientas específicas para viajar desde la codependencia al amor y a la meditación.

AMAR ES LIBERARSE DEL MIEDO

SALLY KEMPTON

Amar es liberarse del miedo ha servido de guía a millones de lectores en el camino de la autosanación gracias a la profundidad, el poder y la sencillez de su mensaje. Abraza sus palabras con una mente abierta y un corazón decidido y permite que ellas te dirijan a una vida en la que la negatividad, la duda y el miedo se sustituyen por optimismo, alegría y amor.